ASAHI SENSHO
朝日選書
1046

「人は右、車は左」往来の日本史

近江俊秀

朝日新聞出版

目次

図版作成　鳥元真生
谷口正孝
装幀　熊谷事務所

「人は右、車は左」往来の日本史

近江俊秀

はじめに

通勤、通学など、移動や、物資の交換、運搬と、道路は日々の生活にとって欠くことができないものだ。近年、相次いでいる大規模な災害では、道路が被災し寸断されたことにより、救助が遅れたり、必要な支援が滞ったりする事態が発生しているように、道路は時に人の命にも関わる重要な役割を果たしている。

道路は自分たちの住む地域と、よその地域とを結びつける役割をもつ。そのことが地域の発展にもつながるとして、現在でも大規模な道路建設工事が各地でおこなわれている。たしかに、道路網が整備されれば、暮らしも便利になるし、コミュニティーの外から来て経済活動を営む者、ひいては観光客の誘致など経済的な効果も期待されるようになる。が、そのことによるマイナス面も当然、生まれる。

直接的には、道を行く乗り物による交通事故、騒音や公害問題の発生があり、また隣接する地域との競争の激化なども発生する。道路を通すことにより、人はメリットとデメリット双方に向き合うこととなる。そして、デメリットは、交通事故に象徴されるように、人が道路をどのように利用するのかに起因する。

筆者はこれまで、古代道路について、その実態や建設目的と時期、廃絶時期とその理由などを中心に、いくつかの書籍を著してきた。現在、道路をテーマとする書籍が数多くあるが、一瞥《いちべつ》したところ、いずれも道路の成立、形成についての本だ。道路を利用するという視点での通史的な検討は、私自身、おこなってこなかったし、他書にも見られない。本書は道路の利用という観点から、道路の歴史をたどろうとするものである。

考察にあたり、四つのテーマを設けた。一つ目は、「人が道路の左右、どちら側を通るのを定めたのはいつか」という問題だ。現代の交通ルールは、秩序だった交通をおこなうことにより、事故を回避するという目的で定められたものだが、日本ではいったい、いつ、いかなる理由で、交通ルールが設けられたのかをテーマとする。

二つ目は乗り物の利用について。現在の道路は車輛の頻繁な往来に耐えうるよう設計、施工されているが、そもそも乗り物による移動はいつ始まり、どのように普及していったか、いつから車輛の往来を見越した道路整備がなされるようになったのかをテーマとする。

三つ目のテーマは、道路上でおこなわれた祭祀と信仰の問題。現在でも古い街道筋には、地蔵や石塔などがある。これらは、祭祀・信仰の対象であり、神仏が道路を通ってやってくるという考えのもと、そこに立てられた。日本人は、道路は人と神仏とが出会う場所で、異世界ともつながっていると考えていた。ここでは、道路でおこなわれてきたさまざまな祭祀の痕跡から、信仰が道路や通行に及ぼした影響について考える。

最後のテーマは権力と道路の問題。計画的な道路網は、それを造り上げた権力の意思が強く働いている。日本で最初の全国的な道路網である七道駅路は、律令制《りつりょう》（古代の法令で、律は刑法、令は行政法のことを指す）による中央集権国家を目指した古代国家により造られた。江戸時代の五街道などの道路網も、幕府による全国支配構想に基づき、整備、利用された。さらに、その維持管理や利用方法を決定したのも権力なのだ。すなわち、交通政策から、その時々の社会や為政者の思惑の一端を読み解くことができると考える。ここでは、第1章から第3章までの検討結果を受けて、権力と道路について考える。

「往来の歴史」からは日本社会や日本人の価値観の変遷を知ることもできるし、また変わらないものも見えてくる。道路という身近な場所から、歴史の一場面をのぞいてみませんか？

第1章　歩行者はどこを歩く？

1　人は右、車は左

武士は左側通行？　右側通行？

昭和二四年（一九四九）に開催された第五回国会では次のような議論があった。

龍野喜一郎《りゅうのきいちろう》　（前略）私が日本における左側通行の沿革というものについて聞いたところによりますと、日本人は昔から刀をさしておる関係で、人の右に出れば抜打ちされる。従って左に左にと寄る。自己防衛のために左側を通るようになったのだということを聞いております。それが何百年にわたる伝統の結果、日本人は黙っておれば左を歩くというふうに習慣づけられておるということを聞いております。

樋貝詮三《ひがいせんぞう》国務大臣　（前略）徳川時代のはちょっとお記憶違いかと思います。あれは封建時代の話ですけれども、武士は抜打ちがきくから、右を通らなければいけないということになったわけで、左を通ると抜打ちがきくが、右を通ると抜打ちがきかないから徳川時代の武士の階級では右にされたようなわけで、右と左とちょっと違ったと思います。

（第五回国会　衆議院　地方行政委員会　第二二号　昭和二四年五月一四日）

質問者は、武士は抜き打ちを避けるため左側を歩いたといい、大臣はそれは逆で、相手に敵意を見せないために、江戸時代の武士は抜き打ちで相手に切りかかりにくい右側を歩くとされていたといっている。

国会でなぜ、江戸時代の武士の話が論じられたのか。実は、この国会において、道路交通取締法の改正が議論されたのだが、その中でこれまで歩行者は道路の左側を歩くと法律で定められていたものを、右側に改めるという法案が提出されたからだ。詳しくは、のちに述べるが、質問者と大臣の意見が分かれていることからすると、一九四九年ごろ、歩行者は道の左側を歩いていたが、その理由は、よくわからなくなっていたようだ。

近年、インターネット上で、江戸時代の交通ルールについて解説した記事に多く出くわす。そのほぼすべてが、武士が「鞘当《さやあ》て」によるトラブルを避けるために左側を歩いたため、左側通行となったという説を紹介している。鞘当てとは、武士どうしがすれ違うとき、刀と刀がぶつかることを指し、無礼なこととされていた。そのことが原因で、喧嘩や刃傷沙汰《にんじょうざた》も起こったという。その情景は歌舞伎の一幕に見られる。

四世鶴屋《つるや》南北《なんぼく》作で文政六年（一八二三）初演の歌舞伎「浮世柄比翼稲妻《うきよづかひよくのいなずま》」の一幕に鞘当てをきっかけとする武士どうしの場面があり、現在は「鞘当」の演目で上演されている。ちなみに、この歌舞伎から「恋の鞘当て」という言葉が生まれ、恋敵どうしが争う意味で使われている。

江戸時代は左側通行だったとする説が有力そうだが、はたして本当か。本章では、まず、そのことから検証しよう。

歌舞伎「鞘当」

吉原の遊女、葛城《かつらぎ》をめぐり、葛城の恋人、名古屋山三郎《なごやさんざぶろう》と、そのことを知りながら葛城に横恋慕していた不破伴左衛門《ふわばんざえもん》という二人の武士が、新吉原仲之町《なかのちょう》ですれ違いざま、刀の鞘が当たったというので喧嘩を始めるという話。「浮世柄比翼稲妻」は、もとは九幕一九場の長編だが、現在は「鞘当て」が単独で上演されることもある。

この武士どうしの刀が当たることを、井原西鶴の『武家義理物語《ぶけぎりものがたり》』では「鞘とがめ」と記している。このほかにも、鐺《こじり》あて、鐺咎《とが》めと記される場合もある。いずれも「武士がすれ違うときに、双方の刀の鞘（鐺）が触れ合うのを、無礼だとしてとがめること」をいうが、その意味するところは、些細《ささい》な出来事を原因とするいざこざ、ちょっとしたつまらないことで咎めだてするということで、武士のプライドを揶揄《やゆ》する意味が込められている。いずれにせよ、こういう言葉が生まれるほど、江戸時代には、この手のトラブルが発生していたのだろう。

右側通行、左側通行のルール

交通ルールの成り立ちについて検討する前に、まずは現在の「道路を歩くときは、歩行者は右側を歩く」という右側通行のルールが、どのような理由で、どのような経緯をたどって成立したのかについて見ていく。

このルールは、一九六〇年に定められた「道路交通法」という法律で示されている。

第十条　歩行者は、歩道又は歩行者の通行に十分な幅員を有する路側帯（次項及び次条において「歩道等」という。）と車道の区別のない道路においては、道路の右側端に寄つて通行しなければならない。ただし、道路の右側端を通行することが危険であるときその他やむを得ないときは、道路の左側端に寄つて通行することができる。（道路交通法、傍線は引用者、以下同じ）

ここにあるように、右側通行は歩行者が歩くスペースを十分に確保できない場合に限ったルールであり、いついかなる場合も右側を歩かなければならないというわけではない。事実、駅の構内などでは左側通行を推奨している場合が多い。しかし、先述したように、このルールは一九四九年の道路交通取締法の改正により定められたもので、それ以前は歩行者も道の左側を通行するよう定められていた。

改正前の道路交通取締法（一九四七年制定）では、

第三条　道路を通行する歩行者又は車馬は、左側によらなければならない。

とあり、道路交通取締法が公布された一カ月後に出された道路交通取締令（法律を実施するためのルール）では、歩道と車道の区別のある道路では、歩行者は道路の右側の歩道を歩くことができるが、そのときも歩道の左側を通行するよう定められていた。

第八条　歩道と車道の区別のある道路においては、歩行者は、道路の右側の歩道を通行することができるが、その歩道の左側によらなければならない。

（道路交通取締令）

左側通行のルールは、さらにさかのぼり、一九二〇年に定められた「道路取締令」には、次のようにある。

　第一条　道路ヲ通行スル者ハ左側ニ依《よ》ルヘシ

　つまり一九二〇年代から四〇年代後半までの法律では、人も車（馬車や荷車、橇《そり》なども含む）も、道路の左側を通るよう定められていたのだ。

第五回国会における議論

　冒頭で紹介した右側通行を定めた第五回国会では、右側通行に改める理由だけでなく、わが国における交通ルールに関する興味深い内容が見られる。まずは、左側通行を右側通行に改める理由が述べられているので、それを紹介しよう。

　当時の樋貝詮三国務大臣は、法改正にあたり、国会で次のように述べている。

　　終戦以来、自動車など高速交通機関の増加によって、道路における交通はとみに混雑の度を増して参ったのでありますが、これに伴い、交通事故発生の危険も著しく増大しているのであります。事実道路上における交通事故の件数は、終戦以来増加の一途を辿っており、それによる悲惨な死傷者も日々想像以上の数に上っているのであります。

現行道路交通取締法は昭和二十二年十一月に制定され、翌二十三年一月から施行されたものでありますが、現在の道路上における交通の実情や交通事故累増の傾向を考えますと、現行法ではこれに対応するにいまだ不充分の憾があるのであります。

このような見地から、先づ歩行者と車馬との間の事故を防止する為に、歩行者は原則として道路の右側を通行することとし、歩行者と車馬とが道路の同じ側で相対面して通行する方式、いわゆる対面交通を採用することにいたしました。（以下略）

（第五回国会　参議院　地方行政委員会議録　第一五号　昭和二四年五月一四日）

大臣の発言に続き、この件を担当した国家地方警察警視正は、近代日本の通行制度の歴史に触れつつ、改正の理由を重ねて述べている。

我が国におきます左側通行制度は明治十四年の十二月の警視庁達におきまして車馬や人力車は左に避《よ》ける、行き合った場合には左に避けるというのが規定されましたのがそもそも濫觴《らんしょう》［引用者注　始まりのこと］と思われるのであります。左側通行として現実に制度化せられましたのは明治三十三、四年でございます。その後今日に至りますまで左側通行と申しますことが我々の交通安全のために非常な大原則であるというふうに思われておるのでありますが、つらつら考えますのに、左側通行、右側通行、そういうことは単に純粋に交通安全、交通事故防止の見地からのみ考えられるべきことであると思うのであります。（同前）

ここにあるように、近代日本の交通ルールは、明治一四年（一八八一）の警視庁達により「車馬や人力車が行き合った場合には左に避けること」とされ、明治三三年の「道路取締規則」により、車馬も人も「道路ハ左側ヲ通行スルコト」と定められたのだった。これだけ見ると、交通ルールは明治時代になってからできあがったようだが、実のところはどうなのか。

この法改正の議論の中にはいくつかの反対意見が出た。その一つが、冒頭で紹介したように、古くからの慣習を改めればかえって混乱を生じるという意見だ。このほか、進駐軍の駐留により二、三の県では右側通行を導入したが定着しなかったという実例の紹介、細い道ではそもそも車が真ん中を通らざるをえないので、歩行者が右を歩こうが左を歩こうが関係ないといった意見など、侃々諤々《かんかんがくがく》の議論が戦わされたのだ。

はたして、日本人の左側通行の伝統は、江戸時代にさかのぼる古くからの慣習だったのか、それとも明治以降のルールなのか？　そのことについて見ていく。

なお、この議論の二年前の昭和二二年（一九四七）の第一回国会衆議院治安及び地方制度委員会でおこなわれた道路交通取締法案の議論の中で、日本がなぜ左側通行なのかという質問に対し、その理由はよくわからないと警察官僚が答弁している。また進駐軍から昭和二一年に右側通行への変更を打診されたが、左側通行を前提に整備した信号や車輌の乗降口などを右側通行仕様に変更するには莫大な費用がかかかるので、現状のままとすることを進駐軍から了解されたと説明している。

2 江戸時代、人は道のどちら側を歩いたか？

江戸時代の法令として発布された御触書《おふれがき》には道のどちら側を歩くか、また、すれ違いのとき、どちらに避けるかを定めたものはない。数多く残されている近世史料の中にも、そのことがわかるものはきわめて限られている。だが、外国人の記録にその一端が残っている。ここでは、まず二人の外国人が見た日本人の交通マナーについて紹介しよう。

外国人が見た東海道の交通マナー

日本全国は昔から七つの地方に分れていて、各地方には状況に応じて国道や街道がつくられ、人々はこれらの街道を利用して、国中どこを通っても他の地方へ行くことができる。（中略）これらの街道は幅が広くゆったりとしているので、二つの旅行隊は触れ合うこともなくすれ違うことができる。日本国内の仕来りに従っていうと、上りの、すなわち都へ向かって旅する者は道の左側を、下りの、つまり都から遠くへ向かう者は、右側を歩かねばならないのであって、こうした習慣は定着して規則となるに至った。

（エンゲルベルト・ケンペル、斎藤信訳『江戸参府旅行日記《えどさんぷりょこうにっき》』）

この国の道路は一年中良好な状態であり、広く、かつ排水用の溝を備えている。そしてオランダ人の参府の旅と同様、毎年、藩主たちが参府の旅を行わざるを得ないこの時期は、とくに良好な状態に保たれている。道に砂がまかれるだけでなく、旅人の到着前には箒《ほうき》で掃いて、すべての汚物や馬糞を念入りに取り払い、そして埃に悩まされる暑い時期には、水を撒き散らす。さらにきちんとした秩序や旅人の便宜のために、上りの旅をするものは左側を、下りの旅をする者は右側を行く。つまり、旅人がすれ違うさいに、一方がもう一方を不安がらせたり、邪魔したり、または害を与えたりすることがないよう、配慮するまでに及んでいるのである。このような状況は、本来は開化されているヨーロッパでより必要なものであろう。ヨーロッパでは道を旅する人は行儀をわきまえず、気配りを欠くことがしばしばある。（中略）

このような状況に私は驚嘆の目を瞠《みは》った。野蛮とは言わぬまでも、少なくとも洗練されてはいないと我々が考えている国民が、ことごとく理にかなった考えや、すぐれた規則に従っている様子を見せてくれるのである。

（カール・ペーテル・ツュンベリー、高橋文訳『江戸参府随行記《えどさんぷずいこうき》』）

江戸時代の唯一の外交窓口だった出島《でじま》（長崎市）には、オランダ商館が置かれていた。オランダ商館長（ポルトガル語でCapitão、カピタン）は、定期的に江戸を参詣し、将軍に拝謁し貿易のお礼を述べるとともに、将軍以下に贈り物を届けるとされていた。この二つの記事は、オランダ商館長の江戸参府（いわゆるカピタン江戸参府）に随行した医師たちが記したもので、ともに東海道を江戸へと向かう道中を記したものだ。

ケンペルは一六五一年、ドイツ生まれの医師であり博物学者。元禄三年（一六九〇）にオランダ商館の医師として約二年間、出島に滞在し、元禄四年と同五年の二度にわたり、江戸参府を体験し、将軍徳川綱吉《つなよし》にも謁見している。彼が日本滞在中に得た資料や情報は、彼の死後、一七二七年にロンドンで『The History of Japan』として出版され、ヨーロッパ各地の知識人に愛読された。

ツュンベリーは一七四三年、スウェーデン生まれの植物学者であり医学者。安永四年（一七七五）にオランダ商館の医師として、一六カ月、出島に滞在し、翌安永五年に江戸参府を体験し、将軍徳川家治《いえはる》にも謁見している。彼は一七七〇年から一七七九年にわたるヨーロッパ、アフリカ、アジアの旅を四巻の旅行記として出版しており、その第三巻と第四巻の一部が日本滞在中の記述だ。ツュンベリーが紹介した街道の様子は、ケンペルの記録と基本的には同じ内容だが、ヨーロッパでは見られない通行のマナーが日本に定着していることに、驚きと感動を隠せないでいる。

幕末の東海道

安政六年（一八五九）に駐日イギリス総領事兼外交代表として来日したサー・ラザフォード・オールコックは、その著書『大君《タイクーン》の都』で時に中国との比較を交えながら、日本人や日本文化を評価しているが、その中で東海道を次のように賞賛している。

国内を走る大君の道である東海道という公道は、ヨーロッパのもっともりっぱな道と比較することもできよう。日本の道は幅が広く平坦で、よく整備され、十分に砕石を敷きかため、両側の堂々たる樹木は焼けつくような日射しから日陰を与えており、その価値をどんなに評価しても評価しすぎることはほとんどない。

（オールコック、山口光朔訳『大君の都』）

江戸時代、何人かの外国人が日本の道路のことを紹介しているが、そのいずれもがその規模や管理状況を賞賛するものだ。ただし、エメェ・アンベール（後述）によれば、管理が行き届いた道路は東海道だけだったとあり（幕府の財政逼迫《ひっぱく》後の話だが）、地方の住民は、自らの力で、できるだけ費用をかけずに必要な道路を切り開いて管理していたという。

すれ違い時、道の左側に避けるルール

左側通行に類似するマナーとして、道ですれ違うとき、互いに左側に避けていたことを示す史料がいくつか残されている。その一つが、一八二三年に来日し、カピタン江戸参府に随行したドイツ人医師のシーボルトが残した記録だ。

大名行列がたびたび行きあうので、秩序を保つために規則がつくられ、各々は道の左側にいて他の者には右側を行かせるが、こうしたことは大きな橋の上でも見かけることである。

（フィリップ・フランツ・フォン・シーボルト、斎藤信訳『江戸参府紀行』）

また、日本人が残した記録の中にも同様のことが見える。享保一五年（一七三〇）三月二五日、江戸での参勤を終え領国へと向かった秋田藩主佐竹義峯《よしみね》一行は、江戸へ参勤する米沢藩主上杉宗憲《むねのり》一行とすれ違うが、その際の様子が次のように記されている。

上杉殿江　出合ニ候此方《このかた》御人数《にんずう》左方江《へ》御付《おつけ》、惣下馬《すべてげば》致候《いたしそうろう》、あの方ハ右之方ニ片付《づき》、致下馬候

（「今宮義透《いまみやよしすく》日記」『国典類抄《こくてんるいしょう》』）。

つまり、双方、道の左によってすれ違ったのだ。
大名家には明確な序列があり、すれ違う相手との地位の違いにより対応は異なるのだが、佐竹家と上杉家のような同格の場合は、互いに左に避けるのがマナーだったようだ。
また、こうしたマナーは古くから定着し、庶民の間にも広がっていた。江戸時代後期の旅行案内書、『海陸行程細見記《かいりくこうていさいけんき》』には、

○往来順路《ゆききのみち》
道中は自分左り手の方を通行すべし、高貴方に往逢《ゆきあい》たるときは猶更《なおさら》こころえ、右へよければ慮外《りょがい》（無礼）と知るべし。

とある。これらの記事から、江戸時代には左側通行、もしくは、すれ違いの際、互いに道の左側に避けるルールが徹底していたように見える。しかし、話はそう単純ではない。

『諸芸小鏡《しょげいこかがみ》』に見える礼

貞享三年（一六八六）に刊行された『諸芸小鏡』は、心得ておくべき芸事について記した

ものだ。そのほか、俳諧や料理、音楽、さらには礼についても記しており、次のような一文もある。

「貴人をば我右の方へ通し、同輩をば左へとをすべき也」。これによれば、相手の身分によって、右を空けるか、左を空けるかを変えるというマナーがあったようだ。貴人と出会えば、自分の右側を空けるとあるので、左に避けていたことがわかるが、相手の身分によっては避ける方向が逆になっている。ただし、このようなことが本当におこなわれていたのかは、同様の史料が他にはなく、よくわからない。

右側通行を示す史料

ここまで紹介してきたものとは逆に、右側通行を示す史料も残されている。文久三年（一八六三）、スイスの特命全権公使として来日したエメェ・アンベールが残した記録がそれだ。

神奈川でわれわれのために準備された馬に出会ってから、われわれの自由の最後の時間を楽しみながら、東海道へ出た。道路には、首都江戸に向かう歩行者、騎馬、乗り物や駕籠《かご》に乗った者が、後から後から果てしなく続いていた。彼らは、いずれも道路の右側を通っており、反対に、引き返す者は左側を通っていた。

（エメェ・アンベール、茂森唯士訳『絵で見る幕末日本』、原題「Le Japon llustré」）

ここには、東海道の旅が右側通行だったかのように記されている。先に見たケンペルとツュンベリーの記述は、上りは左側通行、下りは右側通行とあるので、この記事を矛盾なく解釈するとすれば、彼らのいう上りを都のあった京都とみて、それを起点に、西は左側通行、東は右側通行となっていたとすることもできようが、『海陸行程細見記』の記載と矛盾するし、彼らの目的地が京都ではなく、将軍のいる江戸だったこと、そして何より、京都を境に歩く側を逆にする意味がわからない。

ここで気になるのが、先に紹介した左側通行を示す史料は、カピタン江戸参府や参勤交代など幕府の命による公用交通の場面についての記録であることだ。ツュンベリーが「オランダ人の参府の旅と同様、毎年、藩主たちが参府の旅をおこなわざるをえないこの時期は、特に良好な状態に保たれている」と述べているように、カピタン江戸参府や参勤交代の時期（『武家諸法度』「寛永令」の規定では四月に江戸参勤）には、道路の清掃が徹底され、左側通行もこのときは特に強く励行されていた可能性も考えられる。

そうしたことも視野に入れながら、次は絵画史料などに表された江戸時代の交通について見ていこう。

参勤交代は気を遣う

参勤交代で江戸へ向かう大名は、当然、他の大名の領国を通過することになる。その際、前もって家臣を派遣し、通過にあたっての挨拶とお礼を述べていた。ただ、通過する側だけでなくされる側も、相当に気を遣っていたようだ。先に紹介した秋田藩主佐竹義峯《よしみね》一行が白河藩領を通るとき、白河藩主松平大和守は、領民に対し道路や橋の清掃を命じている。

また、寛政一二年（一八〇〇）一〇月に平戸藩隠居松浦《まつら》清山《せいざん》が佐賀藩領を通過する際、藩主鍋島治茂《なべしまはるしげ》が農民に命じ、道路整備をおこなわせたが、土が固まる前に雨が降ったため、道路がかえって泥濘《でいねい》化してしまったとある（『甲子夜話《かっしやわ》』続編巻八〇）。佐賀藩の配慮は裏目に出たものの、江戸に向かう街道の清掃が行き届き、外国人にも感嘆されたのは、参勤交代時におけるこうした大名どうしの気遣いも少なからず影響していたのだろう。

ケンペルらが見た左側通行の正体？

江戸時代の浮世絵をはじめとする複数の絵画史料にも、当時の往来の様子をうかがわせるものがいくつかあるが、それは、ツュンベリーが感動したような「すぐれた規則に従っている様子」とはお世

上：図１　歌川広重『東海道五拾三次之内』平塚　縄手道
下：図２　同草津　名物立場
（メトロポリタン美術館蔵、Rogers Furd, 1919）

図３　『江戸図屏風』に描かれた日本橋の様子（国立歴史民俗博物館蔵）

辞にもいえない。たとえば、天保三年（一八三二）に刊行された歌川広重《うたがわひろしげ》の『東海道五十三次』では、「平塚」と「草津」において右側を通行している様子が確認できる【図1・2】。また、一七世紀前半の『江戸図屏風《えどずびょうぶ》』には道の中央を堂々と歩く人々や、右側を通る人、左側を通る人が描かれ、互いの左側をすれ違う武士の姿も見られるなど、とても秩序ある通行がなされていたとは思えない【図3】。

もちろん、これらの絵画は芸術作品であり、写生ではないため、実態とは異なっているとも考えられる。ただ、先に紹介したアンベールの図書にある「呉服屋三井前の雑踏」の図には、道路の真ん中を西に向かう馬上の武士とその左側を東へ向かう武士と何かを運搬している男たち（道路右側を通行）が描かれ、

図4　アンベールが見た呉服屋三井前の雑踏（Aimé Humbert *Le Japon illustré*　同志社大学蔵）

馬上の武士の右側で駕籠の通過待ちをしている、東へと向かう集団（道路左側を通行）が描かれている【図4】。

アンベールは当時の日本の習俗などを正確に記録するよう努めていたので、この絵は実際の場面を描いたと考えられる。また、江戸時代中ごろになると、江戸の町では交通事故が多発し、取り締まりが強化されているし、先に紹介したように「鞘当て」によるトラブルも発生していたので、少なくとも都市部では左側通行が守られていたとはいいがたい。

先に推定したように、ケンペルとツュンベリーが見た左側通行の正体は、カピタン江戸参府という幕府の取り決めによる公の使節団として旅をしていたため、彼ら一行とすれ違う車輛や人々が、礼儀として道の左へ避けたことが、彼らの目に左側通行が徹底していたように映ったのではないかと思われる。ケンペルによると、カピタン江戸参府の人数は、区間による異同はあるものの大坂から江戸までの陸路は、最大で一五〇名に達するとあり、ツュンベリーは二〇〇名もの随員があったという（通常は六〇名ほどで、シーボルトは日本人の随員は五七名と記す）。

『御触書集成』「第一御触書寛保集成」所収の享保六年（一七二一）一〇月の「覚《おぼえ》」によると、六〇名の随員は、一万石クラスの藩の参勤交代の人数に相当し、二〇〇名ともなれば五万石の藩の随員の人数を超える（五万石で一六七名）。つまり、カピタン一行が見た往来の人々の姿とは、日常の往来の様子ではなく、参勤交代の行列と行き会ったときの姿だったといえる［表1］。

石高	馬上	足軽	中間・人足
1万石	3～4	20	30
5万石	7	60	100
10万石	10	80	140～150
20万石以上	15～20	120～130	250～300

表1　享保6年10月の「覚」に見える参勤交代の人数

先に『海陸行程細見記』に「高貴方に往逢たるとき、右へよけれバ慮外」とあるのを見たが、行列を従えるカピタン一行も往来の人々からすれば、参勤交代と同様、高貴な方であり、また時節柄、参勤交代の行列が複数、往来する中、庶民が左側によって通行していたのだろう。それを見たオランダ人が、左側通行が徹底していたと理解したのではなかろうか。そう考えれば、無秩序に見える江戸の雑踏や、アンベールによる右側通行の記事も、合点がいくし、左側通行が常識であれば、『海陸行程細見記』にわざわざ、左へ避けることと記載する必要もあるまい。

そうはいっても「左へ避けるルール」が江戸時代に存在し、確立していたことは明らかだ。このルールが設けられた要因は「右へよけれバ慮外」とあるように、礼儀の問題であると考えられ、冒頭で述べた「鞘当て」によるトラブルを回避する意味があった可能性が高いと考える。

では、江戸時代以前には、このようなルールがあったのか。時を戦国時代にさかのぼらせてみよう。

3　武士と刀と右側通行——戦国時代の交通ルール

絵画史料に見る交通マナー

戦国時代から江戸時代の京都の様子を描いた『洛中洛外図屏風《らくちゅうらくがいずびょうぶ》』が約一七〇件、残されている。これらは京の賑《にぎ》わいを描いたもので、道を行き交う多くの人や馬、荷車、駕籠もしくは乗り物（詳細は第2章）、輿《こし》が描かれているが、それらがすれ違う場面は少なく、多くは道の中央を通行しているように描かれている。しかし、その中で、慶長一九年（一六一四）から元和元年（一六一五）に岩佐又《いわさまた》兵衛《べえ》により描かれたとされる『洛中洛外図屏風』舟木本《ふなきぼん》では、駕籠どうしがすれ違う場面が三カ所描かれており、そのいずれもが互いに道の左側に避けている［図5］。

また、『石山寺縁起絵巻《いしやまてらえんぎえまき》』巻一には荷車を曳《ひ》く牛がすれ違っている様子が描かれているが、この場

図５　「洛中洛外図屏風」（舟木本）に描かれたすれ違う駕籠
（東京国立博物館蔵、ColBase https://colbase.nich.go.jp）

面でも互いに左側を通行している（ちなみに牛が曳いた荷車は「うしぐるま」、貴族が乗る牛が曳いた乗り物を「ぎっしゃ」という。いずれも「牛車」の字をあてるが、混乱を避けるため、本書では以下、前者を「牛荷車」、後者を「牛車」と記す）。この絵巻の成立過程は複雑だが、少なくとも巻一から巻三は、鎌倉時代の正中《しょうちゅう》年間（一三二四―二六）に成立したとみられており、これを積極的に評価するならば、鎌倉時代には車輌がすれ違うときには、互いに左側に避けるというルールがあったことになる。

さらに、一二世紀前半に白河院、鳥羽院を中心とする宮廷サロンで制作されたと考えられている『源氏物語絵巻』「関屋《せきや》の段」では、常陸介《ひたちのすけ》（国司の次官）の任を終えた夫とともに上京する空蟬《うつせみ》一行が、石山寺詣《もうで》へと向かう光源氏一行と逢坂関《おうさかのせき》（現在の京都府と滋賀県の境に置かれた関所）付近ですれ違うさまが描かれている。この場面では、空蟬の乗る牛車が画面奥に右向きに描かれ、光源氏が乗る牛車を先導する馬が画面手前を左へと進んでいる。空蟬一行は、内大臣《ないだいじん》（左大臣、右大臣に次ぐ地位）光源氏の行列を避けるために、光源氏の右手、つまり道の左側の木陰に車を停めている。

関屋の段のシーンは、高貴な人物とすれ違う際のマナーを表している可能性がある。この当時にも、貴族どうしが道で出会ったとき、双方がとるべき行動に関する厳格なルールがあったのではないか。

また、平安末期に描かれた『年中行事絵巻』住吉本巻一一には、すれ違う牛車が二カ所に描かれている。一方は互いの車輪が接触し破損するなど、平安時代の交通事故を描いた珍しいものだが、そのことはさておき、いずれも互いの右側を通過、つまり左側通行をしている。

絵画史料に見える牛車などの車は通常、道の真ん中を通行するように描かれるが、すれ違いの場面に限ると、互いに左へ避けている場面が複数、認められる。異なる複数の絵画史料で、同様の傾向が認められることからすると、これは偶然ではなく、何らかのルールが存在した可能性を示している。

「左側へ避ける」ルールが江戸時代にはあり、駕籠などの乗り物や車に限られるが、絵巻物からそれは平安時代にまでさかのぼる可能性が出てきた。しかし、この話はそう単純ではない。室町時代から戦国時代の武士の作法は、「右側に避ける」ことが正式とされていたようだ。

読者の皆さんは、「小笠原流礼法」という言葉を一度は聞いたことがあるだろうか? 礼法とは、理想とされる行動様式や心構えのこと。また、「故実」という言葉がある。これは、もろもろの儀礼に際して最も適切な所作をとるために、そのよりどころとなる故事（昔から伝えられていることがら）を考察する一種の学問のことで、平安時代に貴族社会で生まれ、盛んに研究が進められた。小笠原流とは小笠原家が代々受け継ぎ、指導してきた武家故実のことだ。武家故実とは、文字どおり武家の故実で、弓馬の取り扱い方や武器・武具など武装の整え方、軍陣の敷き方などと、典礼での立ち居振る舞いをはじめ衣食住の生活全般に関わるものの二つからなっている。

その成り立ちは、鎌倉時代の初めにさかのぼる。平家を滅ぼした源頼朝が、平安時代の武官（五衛府や軍団に所属する官人）の故実と、坂東武者の慣例、特に佐藤・小山《おやま》・結城《ゆうき》・下河辺《しもこうべ》氏ら秀郷《ひでさと》流諸氏（藤原秀郷の系統）に伝えられてきた故実とを融合させ、武家独特の礼法の確立に着手したことに始まる。頼朝は、源義家の弟、新羅《しんら》三郎義光《さぶろうよしみつ》（一〇四五―一一二七）の末裔《まつえい》の加賀美《かがみ》三郎遠光《さぶろうとおみつ》（一一四三―一二三〇）とその子、長清《ながきよ》（一一六二―一二四二）に、射法《しゃほう》（弓を射るときの基本動作）の方式と儀式典礼（儀式とその典拠となる先例）に関する方式を制定させたと伝えられる。そして、流鏑馬《やぶさめ》・犬追物《いぬおうもの》・笠懸《かさがけ》などの儀式が定められた。このように、鎌倉時代から公家とは異なる武士独自の儀礼、作法が定められていった。

室町時代には、足利氏が政権の基盤を貴族社会の中心地である京都に置いたことにより、武家社会と公家社会との接点が著しく増加した。また、三代将軍、足利義満の晩年以降は、守護に任じられるような有力武家は在京することが不文律とされており（ただし、九州探題管下の一一カ国と鎌倉公方管下の関東・東北一〇カ国を除く）、許可なく帰国することは謀反とみなされていた。つまり、将軍をはじめ有力武家の活動の場が京都にあり、加えて南北朝の動乱期には、武功のあった者に恩賞として官位を与えるようになったことから、武家と朝廷や公家らとの接触が濃密となった（その結果、公家や僧侶と武家との文化交流が生まれ、洗練された室町文化が育まれていく）。そうした背景もあり、室町幕府は足利将軍を中心とした武家の身分的秩序を確立させるため、儀礼だけでなく衣食住の生活慣習まで形式化をおこない、将軍のみならず武家衆らにも、身分や立場に応じた諸作法を求めるようになった。

そうした幕府の要請に応えたのが、先例故実に詳しい故実家である小笠原家、伊勢家、今川家の三家だ。これらの家は、古くから宮中でおこなわれてきた作法・礼法の記録を伝承してきた家であり、有職故実《ゆうそくこじつ》、すなわち朝廷や公家、武家の行事や法令・制度・風俗・習慣・官職・儀式・装束に深く通じた家だった。この三家が中心となって、武家独自の礼法を公家の故実と融合させた武家故実が確立されていった。

武家故実は六代将軍足利義教《よしのり》（在位、一四二九―四一）から八代将軍義政（在位、一四四九―七四）の時代に完成する。弓馬・軍陣の故実は義教の弓馬師範となった小笠原持長《もちなが》とその子孫、一族を中心に整備され、幕府の典礼や殿中での生活全般にわたる諸礼式は、義政の政所執事伊勢貞親《さだちか》・貞宗《さだむね》父子をはじめとする伊勢氏一族によって職掌された。小笠原氏は弓馬・軍陣故実の師範として、伊勢氏は「躾《しつけ》」（マナー）の権威として仰がれた。

武家の礼法は、室町幕府の秩序維持にとって重要な役割を果たすとともに、その支配体制の根幹をなしていた。つまり武家故実に示された内容は、守らなければならない武士の行動規範だったのだ。

貴族の礼法の成り立ち

故実を研究し、礼法を最初に編み出したのは貴族だった。平安時代、朝廷や貴族が昔からおこなっていた行事や儀式・制度・官職・習慣の先例を伝える知識の体系化が進められた。それらを研究する学問を有職故実といい、平安時代中ごろから盛んにおこなわれるようになった。中でも朱雀《すざく》天皇のもとで摂政、関白に任じられた藤原忠平《ただひら》（八八〇―九四九）は、藤原北家に伝わる儀礼を参照しつつ、合理的な儀礼体系を構築した。忠平の長男実頼《さねより》は、父の命を受け『小野宮故実旧例《おののみやこじっきゅうれい》』を執筆し、小野宮流を形成し、次男師輔《もろすけ》は『九条年中行事』を取りまとめ、九条流を形成した。

律令制による官僚制度は個人の地位や身分の序列である位階と官職との間に、一定の相関関係が設定されたシステムだった（官位相当制）。それが平安時代中ごろ以降、たとえば、摂政や関白を出せる家（摂関家）といった具合に、家格の固定化や、特定の家による官職の世襲（官司請負制）が進んでいくが、そうした中、先例は有力者の権威を裏付けるものとして、また参加した者でなければ知りえぬ儀式の内容などを記録し、世襲する目的で、有職故実は、ますます活発化した。

中でも醍醐天皇の皇子で師輔の娘婿、源高明《たかあきら》（九一四―八二）が取りまとめた『西宮記《さいきゅうき》』は、現存する私撰の最古の儀式書で、一〇世紀の朝儀を知るうえでの根本史料とされている。また、藤原実頼の孫、藤原公任《きんとう》（九六六―一〇四一）が『西宮記』を参照しつつ、小野宮流と九条流双方の内容を取り入れてまとめた『北山抄《ほくざんしょう》』、大江匡房《おおえのまさふさ》（一〇四一―一一一一）が取りまとめた平安時代後期の朝議《ちょうぎ》（朝廷でおこなわれたさまざまな公式な儀式などのこと）の集大成といわれる『江家次第《ごうけしだい》』などの儀式書から、それぞれの時代の儀式などのあり方をうかがい知ることができる。

逢人を弓手にして打のくべし——右に避けるルール

右側へ避けるルールは、小笠原氏から弓馬の故実を伝授された斎藤利綱《としつな》が、永正《えいしょう》八年（一五一一）に記したとされる『家中竹馬記《かちゅうちくばき》』、永禄《えいろく》元年（一五五八）の『中島摂津守宗次記《なかじませっつのかみむねつぐき》』、一六世紀後半に主に三好長慶《みよしながよし》のもとで政治・儀礼顧問として働いた伊勢貞助による『伊勢貞助雑記《いせさだすけざっき》』、同時期の武家故実、『今川大双紙《いまがわおおぞうし》』、弓術・馬術の故実の伝書、『弓張記《ゆみはりき》』に見られる。

両方馬上にて逢時、馬を打のくる事ハ逢人を弓手（左側）にして打のくべし　（『家中竹馬記』）

路次にてこし（輿）に行き会たらハ、右へ退く。我左をこしをとをすへし　（『中島摂津守宗次記』）

互に馬上の時、貴人をは我は右之方《かた》へ打のけて礼可申《もうすべし》　（『伊勢貞助雑記』）

我も人も騎馬の時。路じ（路）などにては行合《いきあう》事。互に馬の左の方を合《あ》て礼をする也。かち（徒歩）にても此心得あるべし　（『今川大双紙』）

馬上と〱行あひて礼の事。たとひあひてむき成共、人によりて下馬勿論《もちろん》の事也。もし又。おりぬ程の人ならは。馬上にて礼をしてとをるへし。その時も。我よりも賞翫《しょうがん》の人（尊重すべき人）ならは。道のよき方をとをし。我は道のあしき方へよけてとをすへし。いつれもこれらは人により。あひて（相手）によるへし　同し道ならは。左をとをす様によけてとをるへし　（『弓張記』）

また、右に避けることを直接示したものではないが、馬上ですれ違う際に「左側の足あるいは沓《くつ》を鐙《あぶみ》からはずす」という礼法が、『家中竹馬記』『伊勢貞助雑記』『今川大双紙』『故実聞書』にある。また、これ以外にも、小笠原流の弓道馬術の故実の聞き書きで、寛正五年（一四六四）に中原高忠《なかはらたかただ》が編纂した『就弓馬儀大概聞書《きゅうばのぎにつきたいがいききがき》』にも同種の記述が見られる。

『家中竹馬記』『伊勢貞助雑記』『今川大双紙』には、馬上でのすれ違いのとき、右側に避けることとあるので、相手から見えやすい左足を鐙から外していたことがわかる。つまり、『故実聞書』『就弓馬儀大概聞書』も右側に避けるマナーを示している。

このことは、一五世紀から一六世紀にかけては、武士の礼法の権威である小笠原家、伊勢家、今川家の三家ともに、武士が高貴な人物に路上で出会ったときは、右側に避けることを正式としていたことを示している。

戦国武士はなぜ右に避けたのか

なぜこのようなルールができたのか。これは、武家の礼法における基本的な考え方に由来する。室町時代から戦国時代の武士の礼の大原則は「相手に害意がないことを示す」ことにあった。先に紹介した樋貝国務大臣の発言を思い出してほしい。抜き打ちを仕掛けようとすれば、相手の右側に回り込む、つまり左側を歩くのが有利なので、害意がないことを示すためには右側通行となると発言している。

戦国時代の武士は、抜き打ちをしにくい右側を歩いたり、馬上ですれ違うときには、相手から見えやすい左足を鐙から外して、わざと自らの身を不安定にして通ったりすることにより、攻撃の意思がないことを相手に示していたのだ。それが、太平の世が訪れ、刀が実戦の道具というよりも「武士の魂」という、象徴としての意味が強くなると、刀にぶつかったり、触れられたりすることが無礼とされるようになり、左側に避けることが定着したと考えられる。

このように武士が「左右どちらに避けるか」は、時代による社会や価値観の変化の影響を強く受けていた。ただ、ここで気になるのは、武士が右側に避けたのに対し、絵画史料からは、乗り物や車は左側に避けていたことだ。また、右側に避けるルールは、武士の礼法の確立によりできあがったもので、相手に害意がないことを示す必要があったのは、刀により武装していた武士のみということだ。

つまり、公家や庶民は右側に避ける理由はないし、右側に避けるという武士の礼法が認められるようになる一五世紀以前には、左右いずれに避けるかという「公家の礼法」があった可能性がある。もう少し時代をさかのぼろう。

マナーを知らなかった木曽義仲

平安時代中ごろ以降の貴族社会は、さまざまな礼法によって朝廷の秩序が保たれていたことが現在に伝わる複数の故実書からわかる。礼法は、違反したら罰則を伴う法令ではないものの、宮廷社会の一員として、当然、守るべきルールだった。そのため、礼法を知らなかったり、無視したりすることによるトラブルも発生していた。

寿永二年（一一八三）、平家を都から追い払った義仲は、京の貴族社会に迷い込んでしまった。貴族の礼法などまったく知らないにもかかわらず、義仲はある日、後白河法皇のもとへ高級貴族の乗り物である牛車で向かうことにした。平宗盛《むねもり》が残した牛車に乗り込んだまではよいが、牛車は後ろから乗り込み前から降りるのが都の誰しもが知る作法。それを知らない義仲は後ろから降りてしまい、都人の失笑を買う。また、義仲のもとで働くことを潔しとしない牛飼童《うしかいわらわ》に牛車を暴走させられてしまい、車の中で転げまわってしまったというエピソードが伝えられている（『源平盛衰記』）。

このように、都では乗り物の乗り方一つにも作法があり、それを知らないと周囲から恥をかかせられた。源頼朝が政権樹立後に、すみやかに武家の礼法の確立に着手したのも、また、東国武士が安易に朝廷に接することを禁じたのも、頼朝自身が貴族社会を知っていただけでなく、義仲の失敗が頭にあったからなのかもしれない。

鎌倉時代の初めは左側に避けていた？

路上で人とすれ違うとき、道のどちら側に避けるべきか。このことを示す最古の史料が、鎌倉幕府の二代執権である北条義時の三男、北条重時《しげとき》が、康元元年（一二五六）から弘長元年（一二六一）の間に記したと考えられている『極楽寺殿御消息《ごくらくじどのごしょうそく》』だ。この史料は重時が息子らに対し、一家の主人としての家中の者への対処の仕方や、目上・上位の人に対する心得、また傍輩との付き合いや、宴席など人前における作法、文武諸芸のたしなみ、信仰心の大切さなどについて説き及んだ武士による最古の家訓だ。

そこには、通行に関する次の心得が記されている。

①向こうから、しかるべき人が来たら、近づく前に道を避けるようにすること。

②寺社の前や僧侶に会ったときは、下馬すること。人と連れ立っているときや、都合が悪い折などは、片方の足を鐙からはずし、鞍《くら》の上に伏して三度、お辞儀をするのがよい。できることなら、馬から降りること。

③道で、知人に出会ったときには、直ちに弓を持ち直して挨拶すること。貴人の場合は、弓手《ゆんで》（左側）によけて、うやうやしく礼をすべきである。同じほどの仲間なら、弓を持ち直さなくてもよい。

重時は晩年、仏教に深く帰依するため、神仏に対する尊敬の念をもつことを強く求めているものの、ここで示された作法のいくつかは、のちのちまで武家の礼法として定着していく。たとえば、②「片方の足を鐙からはずす」は、先にも見たように騎乗の武士どうしがすれ違う際の礼法として定着した。

ここで注目されるのが、③で掲げた、すれ違いの礼法である。相手が高貴であれば、弓手、つまり自らの左側に避けて礼をするとある。このことから鎌倉時代初めの武士は、すれ違いの際に左に避けるのを正式としていたことがわかる。

この家訓が、武家の礼法が確立する以前のものだということ、これを記した重時が、寛喜二年（一二三〇）から宝治元年（一二四七）までの一七年もの長きにわたって、六波羅北方《ろくはらきたかた》（後の六波羅探題）として京都に滞在していたことから、ここに記された「左側へ避ける作法」は、重時が京都の社交界で身に着けた貴族の礼法だったと考えられる。

畳の縁を踏むな

ある程度の年齢より上の方は「畳の縁は踏んではいけない」といわれたことがあるだろう。なぜ踏んではいけないのかは、畳が傷むからだとか、江戸時代の武士の家の畳には縁に家紋が描かれている場合があったからだとか、さまざまな理由が述べられる。実はこの作法、

『極楽寺殿御消息』に早くも見られる。つまり、鎌倉時代の初めにはすでにあったものなのだ。

なげしの面に竹くぎ打べからず、畳のへりふむべからず、さえの上にたゝず。

このほかにも、敬うべき人をお見送りするときには後ろ姿が見えなくなるまで見送るなど、少なくとも昭和のころまで伝えられてきたさまざまな作法が見られる。

4 古代の交通マナー

発掘された通行の痕跡――大宰府の例

先に見たように、鎌倉時代以降には、すれ違いの際、左右どちら側に避けたかの記録がいくつか残っているが、平安時代以前はそのことについての記録は皆無だ。また、絵画史料も、先に紹介した程度しかない。ただ、発掘調査で当時の交通マナーの一端を知ることができる成果があげられているので、次にそれを紹介しよう。その成果とは、道路に残された足跡や轍《わだち》の痕跡（轍痕）だ。

　平成二〇年（二〇〇九）、福岡県の太宰府市教育委員会がおこなった太宰府の街路跡の発掘調査で、複数の足跡と轍痕が見つかった。街路は幅約三メートルで、両側に側溝をもっている。西側の側溝は幅約二・五メートル、深さ約五〇センチ。車輪間の幅は約一・二〜一・四メートルで、深いところでは一〇センチ以上、地面に食い込んでいた。また、轍痕とともに、牛の足跡が見つかっていること、この道路の時期は牛車が普及する以前の奈良時代中ごろと考えられることから、牛荷車が通った痕跡と考えられる［図6］。

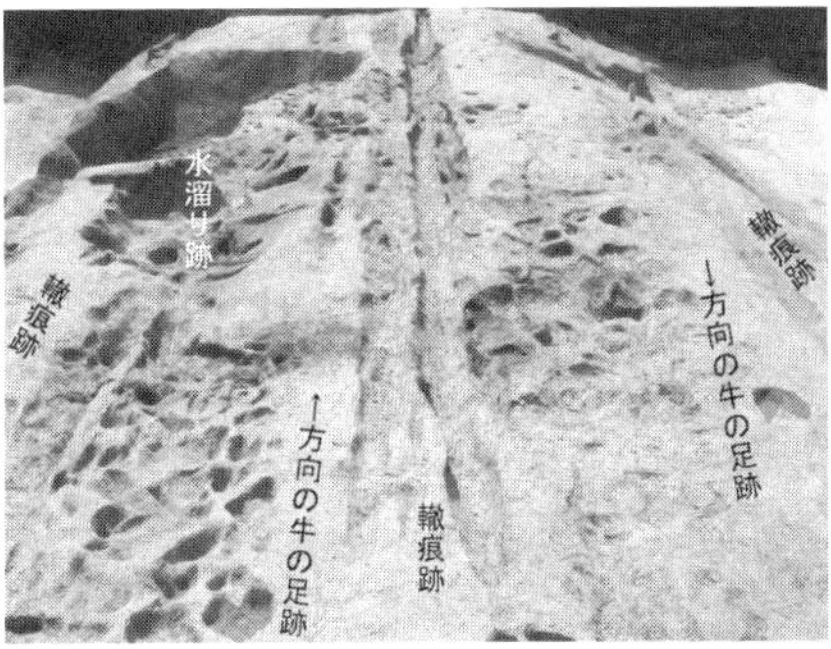

図6　大宰府の道路で見つかった轍と足跡（太宰府教育委員会提供）

　轍痕と牛の足跡から、車は道の中央を境に、東と西に分かれ、東側を通行した車は南へと向かい、西側のそれは北へと向かったことがわかった。これは、左側通行がおこなわれていたことを示している。また、西側の側溝で人の足跡が複数確認されているので、人は側溝の中を歩いていたと考えられる。これらのことから、この時期の大宰府では左側通行で、歩車分離がなされていた可能性が浮上した。

　ただし、大宰府ではこの例以外に轍痕が見つかってはおらず、また、この轍痕が普段の交通の様子を示すのか、あるいは『石山寺縁起』で見られたような、何らかの土木工事の際の通行痕跡なのかは定かでない。よって、この例のみで当時の交通ルール全体を語ることはできない。また、奈良時代から平安時代の都の道路は、都の行政を担当する京職《きょうしき》という役所が管理することとされており、路面のぬかるみや凹凸を長期間、そのまま放置していたとは考えにくい。事実、平安京などの都市で見つかる轍痕は砂で埋められていることからすると、道路がぬかるんだら、すぐさま砂を入れ、平らに均《なら》したと考えられる。

当時の外交窓口だった大宰府でも、おそらくこれと同様の措置がとられていたと考えられる。とすれば、ここで見つかった轍痕や足跡も、道路がぬかるんだ状態にあった数日の間の通行痕跡と見るのが妥当だろう。想像をたくましくすれば、この痕跡は、複数の牛荷車が、工事現場と資材調達の場を行き来したときのもので、行き交う牛荷車が互いに混乱なく通れるよう一時的に左側通行としたとも考えられよう。

発掘された通行の痕跡——平安京の例

古代の轍痕や足跡は、平安京をはじめとする都城《とじょう》の街路でも、しばしば見つかることがある。中でも注目されるのが、平安京右京六条四坊付近でおこなわれた五条大路の発掘調査成果だ。五条大路の道幅は約二四メートルで、先の大宰府の道路の八倍だ。轍痕は道路の中央付近で確認され、しかも、ほぼ同じ場所を少なくとも一〇回以上、往来したことにより残されたものだった。そして、車を曳いたと思われる牛の足跡には、東へ向かうものと西へ向かうものの双方が認められている。加えて、中央から道路の南側と北側とに枝分かれする轍痕と足跡が見つかっている。なお、轍痕も足跡も砂で埋まっている［図7］。

発掘調査報告書では、轍痕や足跡が牛車のものか、牛荷車のものか、あるいは双方が混在しているのか、判断つかないとしているものの、これらの痕跡は降雨により路面がぬかるんでいたわずかの間に残されたと評価している。また、周辺の発掘調査成果などから、この付近は京内とはいえ、さほど開発が進められておらず、また早くに荒廃した地域だったことを指摘している。

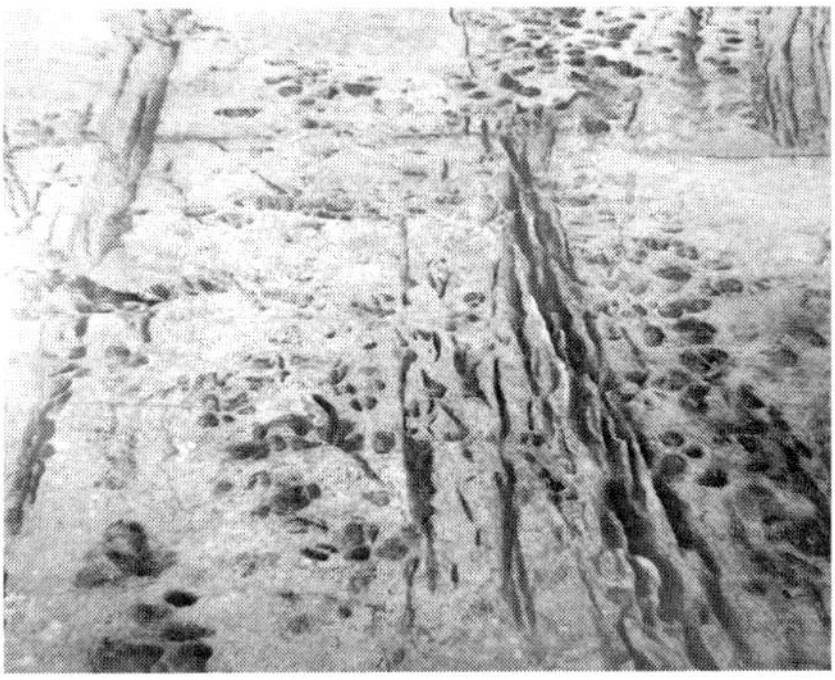

図7　平安京五条大路の轍と足跡
（京都文化博物館提供）

私はここで見つかった轍痕は牛車の可能性が高いと考えている。牛荷車は大規模な普請のときによく利用されるが、荒廃した右京で道がぬかるんだ状態にある数日間のうちに頻繁に牛荷車の往来があったとは考えにくいこと、一方で平安貴族たちは、しばしば右京へ見物に出かけたことが『枕草子』や『小右記《しょうゆうき》』などから知られることがその理由だ。

五条大路における牛車の通行は、十分に対面可能な道幅があるにもかかわらず、西へ向かう車も東へ向かう車も、道のほぼ中央を通っていたということになり、これは絵巻物に見える交通のあり方とも共通する。また、注目すべきは、中央から南北それぞれに逸《そ》れていく轍痕と足跡だ。先述したとおり、この付近は荒廃した場所であり、貴族が立ち寄るような施設も存在しないこと、道路の交差点までには距離があるので、右折や左折のために車の向きを変えたとは考えにくいことから、対向もしくは後方から近寄る牛車を避けた痕跡である可能性がある。

北へ逸れていく牛の足跡は、遺構の写真を見るかぎり、西から東へ向かっていたと考えられるが、南へ分岐するものはよくわからない。そのため、避け方にどんなルールがあったのかまでは、ここから推定することはできない。

高貴な人に出会ったら？——路頭礼

次に高貴な人と道で出会ったときのマナー、「路頭礼《ろとうれい》」を紹介しよう。

一〇世紀中ごろに源高明がまとめた礼法書『西宮記』には、身分の高い人物が乗る車に路上で遭遇したときの礼を示した「車礼《しゃれい》」が見られる。「車礼」は、亀山上皇の命により、弘安八年（一二八五）に成立した公家の礼儀作法をまとめた『弘安礼節《こうあんれいせつ》』の中で、路頭礼として再編され、国家の規定となった。

路頭礼は主として互いに牛車に乗っていることを想定しており、身分差により、

○扣車《こうしゃ》（停車して道を譲る）
○税駕《ぜいが》（牛を牛車から外す）

相手／自分		親王	大臣	大・中納言	参議・散二位・三位	蔵人頭
親王						
大臣		扣車				
大・中納言		扣車	扣車			
参議・散二位・三位		税駕	税駕	扣車		
蔵人頭		下車	税駕	扣車	扣車	
弁官		下車	税駕	扣車	扣車	扣車
殿上	四位	下車	税駕	扣車	扣車	扣車
	五位	下車	下車	扣車	扣車	扣車
地下諸太夫	四位	下車蹲踞	下車蹲踞	税駕	扣車	扣車
	五位	下車平伏	下車平伏	下車	税駕	扣車
大下記・太夫史		下車平伏	下車平伏	下車	税駕	扣車

表2　弘安礼節に見える路頭礼

○下車蹲踞《そんきょ》（うずくまり、ひざまずくこと）
○下車平伏《へいふく》（両手をつき頭を下げ、ひれふして礼をする）

などの作法が定められている。もちろん、身分の差が大きいほど、礼も手厚くなるという仕組みだ［表2］。

ところで、牛車に乗っている人の身分をどのようにして認識したのだろうか。この時代の貴族が外出する際には、位に応じて供の人数や、牛車の仕様に違いがあり、行列を見れば乗客の身分がわかった。つまり、互いにとるべきマナーがさまざまな形で可視化されていたのだ。

高貴な人物が乗る車を避けるために身分の低い者は道を譲らなければならないとされていた。そのときは、車を道路に直行する形、すなわち高位の人のほうに自らの車の前方を向けて停車したようだが、道の左右どちら側に停車したのかは、礼法書には記載がないため、よくわからない。しかし、高位の人物が乗る牛車の進行方向の右側に自らの身を置いた、つまり、すれ違いの場合は、道の左側に牛車を寄せるケースが多かったのではないかと考える。

それは、先に見た絵巻物に描かれた様子もさることながら、主として次の理由による。

①貴族の場合、武士とは違い、礼において相手に害意がないことを示す必要がないこと

②路上で高貴な人物に出会ったとき、道のどちら側に避けるかを記した最古の文書、『極楽寺殿御消息』に、左に避けるとあること

③牛車は四人乗りで、座席は、最も身分が高い者が、進行方向の右前方、次が左前方、左後方、右後方とされていたこと

②は、先述したとおり、史料の成立が武士の礼法が成立する以前のものであり、かつ著者の北条重時が、寛喜二年（一二三〇）年から一七年にも及び六波羅北方の最高責任者として京都にいたことから、貴族の礼法に則った記述がなされている可能性がある。③は礼を受ける人物からよく見える場所で礼をおこなうというのが理にかなっていると考えるからだ。

礼を失したことにより発生したトラブル

平安時代の公家の日記や文学作品などの中には、高貴な人と道で出会ったときに起こった、

さまざまなトラブルが記されている。有名なところでは、摂政、藤原基房《もとふさ》の行列が平清盛の孫、資盛《すけもり》一行と遭遇したとき、資盛が下車の礼をとらなかったことを基房の従者が咎め、恥辱を与えたことに対し、父、重盛が報復したという「殿下乗合事件《てんがののりあいじけん》」がある（『玉葉《ぎょくよう》』『愚管抄《ぐかんしょう》』）。当時の資盛の官位は従五位上だったので、基房の従者が指摘したように当然、下車の礼をとらなければならなかったのだが、それを無視したうえに、父親が出てきて、報復にまで及んだことが、平家の横暴を物語る事件として人々に記憶された。

また、『宇治拾遺物語《うじしゅういものがたり》』には、本来あるべき路頭礼が記されている。それは、橘大膳亮《たちばなのだいぜんのすけ》大夫以長《だいぶもちなが》という人物の話だ。

法勝寺《ほっしょうじ》の参詣に向かっていた左大臣藤原頼長《よりなが》の行列は、前を行く公卿の車が、停車し、道を空けたのを見て、先駆けの随身《ずいじん》（今のＳＰの役割を果たした役人）は馬から降りて通ったが、古参の以長のみは、ひとり下馬しなかった（道を譲られたとき、随身は下馬の礼をとるとされていた）。屋敷に戻った頼長が、そのわけを以長に尋ねると、彼は次のように答えた。

「後から貴人が来たならば、前の者は、車の向きを変え貴人の御車に正対した後、牛を車からはずし、榻《しじ》（乗降用の踏み台にも使われる轅《くびき》を置く台）に軛（轅《ながえ》に着けられた最前部の横木）を置いて通すのが正しい作法。車を止めるだけでは、尻を向けて通すことになるので無礼。そのようなふるまいをする人に、馬を降りて礼をする必要がないと思って、降りなかった」と（巻八　大膳大夫以長、前駈之間事《ぜんくのかんのこと》）。

藤原頼長が左大臣の地位のあったのは久安五年（一一四九）七月から保元元年（一一五六）の薨去《こうきょ》までの間であり、このころには路頭礼もやや簡略化されていたことがわかる。しかし、正式の礼が後から来る高貴な一行に道を譲るとき、わざわざ車を反転し、対向する形を取るなど面倒なことをしなければならないとは、礼法を無視した木曽義仲の気持ちが少しわかるような気がする。

5　交通マナーの起源

交通マナーは「礼」から生まれた

ここまで見てきたように、江戸時代以前のすれ違いのマナーとは、安全のための秩序ではなく、礼法というルールに基づく、いわば挨拶だった。そして、礼法の目的とは、立場や身分の差によって定められた行動をとり、周囲の者にその差を見せることによって、社会秩序を維持したり、無用のトラブルを回避したりすることにあった。江戸時代の左側に避けるマナーから発生したと考えられる左側通行も、もとをたどれば、社会秩序の確認行為だったといえよう。

では、通行の場における社会秩序の確認がいつからおこなわれ、どのような経過をたどって礼法に至ったのかを見ていきたい。

人とすれ違う場合のマナーは、実は古くから認められる。

最も古いものは、みなさんもよくご存じの『魏志倭人伝《ぎしわじんでん》』だ。そこには、身分の高い者とすれ違う場合、低い者が道を空け、跪《ひざまず》いて礼をするという風習が記されている。

その後も『日本書紀』天智九年（六七〇）正月一四日条には、

朝廷の礼儀と、行路《みちゆきびと》の相避《あいさ》ることとを宣《のたま》ふ。

とある。すれ違い方のルールを大王（本書では「天皇」号の成立を天武朝とするという学説に従い、天武天皇以前を「大王」と呼ぶ）が決め、官人や広く庶民に命じたことを示している。具体的な内容は残されていないが、『養老律令《りつりょう》』（古代の法令で、律は刑法、令は行政法のことを指す、以下『律令』と記す）の「儀制令《ぎせいりょう》」（作法などについての定め）には、次のような路上での礼についての規定がある。

第一〇条
凡《おおよ》そ路《みち》に在りて相ひ遇《あ》へらば、三位以下親王に遇へらば、皆馬から下りよ。以外は拝礼《はいらい》に准《なぞら》へよ。其れ下るまじくは、皆馬を斂《おさ》めて側《かたわら》に立て。下るべしと雖《いえど》も、陪従《ばいじゅ》（天皇の行幸などに付き従うこと）せらば下りず。

第一一条

凡そ郡司《ぐんじ》、本国の司（当国の国司）に遇はば、皆馬から下りよ。唯し、五位、同位以上に非ずは、下りず。若《も》し官人本国に就きて見えば、同位は即ち下りよ。若し致敬《ちぎょう》（敬礼すること）すべくは、並みに下馬の礼に准へよ。

第二二条

凡そ行路《ぎょうろ》（道路）巷術《こうじゅつ》（里内の小道）は、賤《いや》しき（身分の低い人）は貴きに避《さ》れ（道を譲れ）。少き（若い人）は老いたる（老いた人）に避れ。軽きは重きに避れ。

繰り返しになるが、礼とは、社会秩序を保つルールであり、地位の差を可視化する手段の一つだ。古代の法律で「路上での礼」まで定めていたのは、身分の違いを示すためだが、時代の推移に伴い、社会や身分制度が複雑化するに従って、礼は『律令』で定めた制度の枠に収まりきらないほど複雑化し、「礼法」という行動様式が新たに生まれる。

そして、礼法は平安時代以降、ますます複雑化・精緻《せいち》化するが、その過程で、道のどちらに避けるべきかが加わっていったと考えられる。

日本社会と交通マナー

「道のどちら側を歩くか」は些細なことかもしれないが、それは身分制度や社会秩序、為政者の性格などとも深く関わって展開してきた。本章の最後に、これまで述べてきたことをまとめてみよう。

「道で偉い人に遭ったら、道を譲る」は、古くは『魏志倭人伝』で確認できる。この前提には、上下関係（序列）があり、道を譲る行動自体が、上下関係の確認作業といえる。上下関係は服や服飾品、使う道具、住まいや墓などの違いとして可視化された。そうしたさまざまな仕掛けによって上下関係を確認することは、集団内の秩序を確立・維持する効果があった。「道を譲る」ことも、行動により上下関係を可視化するという、社会秩序の維持のための行為の一環であり、厳しい身分制度を取り入れた社会においては、きわめて重要な行動だった。

上下関係を確認するためのさまざまな仕掛けは、集団が大きくなるにつれ複雑化していく。特に、中央集権国家を目指すようになると、すべての国民を序列化する必要が生じた。中央政界に限っても、推古一一年（六〇三）に制定された冠位十二階制度が、冠の色で役人の序列を示したように、序列を可視化する仕組みも精緻化していった。冠位制度は、以後、細分化していき天武一四年（六八五）には四八階となり、大宝律令の施行による律令制の開始とともに、正一位から少初位《そい》下までの三〇階とされた。

このように身分制度が定められる中で「高貴な人には道を譲る。年長者や立場の重い人には道を譲る」という慣習は、天智九年（六七〇）に大王の命令として発せられ、それが律令制の施行とともに、法制化された。

平安時代になり「有職故実」の研究が進められるにつれ、貴族社会では古式に則った行動が求められるようになった。これは法で定められた行動だけでなく、貴族社会の構成員として了承されるために身に着けておかなければならない所作、動作の類いも含まれており、人とすれ違う場合にも単に道を譲るだけでなく、譲り方、礼の仕方などこまごまとした作法が示されるようになる。おそらく、高貴な人物に出会ったときに「左側に避ける」（高貴な人物の進行方向右側にわが身を置く）という作法もこのときにできあがったと考えられる。史料こそ限られているものの『極楽寺殿御消息』『年中行事絵巻』などから、その可能性を指摘できる。

戦国時代になると「右側に避ける」作法が複数の史料に認められる。これらは、いずれも武家の故実書に見え、徒歩か騎馬でのすれ違いの際に相手に害意のないことを示す武士の行動様式だった。すなわち、武士の価値観に基づいた武士のルールだったといえる。しかし、「右側に避ける」作法は、戦国時代が終わり、太平の世の中が訪れると、一転する。つまり「左側に避ける」作法が武家社会の中で定着する。

これは、実戦の武器としての刀から、武士身分の象徴としての刀へと変化したことが要因だと考えられる。つまり、すれ違う相手に害意がないことを示すために、抜き打ちを仕掛けにくい右側を通行していたものが、暴力が社会的に著しく制限された江戸時代には、そうした用心よりも、身分の象徴である刀に第三者が当たりにくいよう左側に避けることが重要になったと思われる。

この通行マナーは、やがて武士階級以外にも拡大していく。『海陸行程細見記』では、「右へよければ慮外（無礼）と知るべし」と武士の価値観を広く一般庶民向けに示している。これは、トラブル回避のために庶民に対し、武士の価値感を強要したものだと考えられる。また、ケンペルとツュンベリーは、江戸時代の日本では左側通行が定着しているように記しているが、「左側に避ける」あるいは「左側を通る」というマナーが庶民にまである程度、広がったのは、江戸時代から盛んになる庶民の旅行にあるように思える。特に有名なのは「お伊勢参り」であり、最も参詣客が多かった文政一三年（一八三〇）には四二七万人もが訪れたという。『海陸行程細見記』も、こうした庶民の旅行ブームの中で記されたものであり、見知らぬ土地に向かう人々にとって、旅行ガイドブックともいえる図書に「左側通行」が記されたことが、街道往来のルールとして広く定着するきっかけになったと考えられる。ただ、このルールが適用されたのは基本的に街道の往来で、江戸などの市中の往来は、左右を気にしない大らかな通行がおこなわれていたようだ。

次章で改めて述べるが、エドワード・シルヴェスター・モースが残した記録によると、明治時代初めの日本には秩序だった交通が見られなかったという。そして、急増した車輌を避けることを知らない人も多かったため、事故やトラブルが多発していたようだ。それに対応するため、明治政府が初めて出した交通ルールが、明治一四年（一八八一）の警視庁達で、すれ違いの際、互いに左側に避けることだった。これは、江戸時代の武士の礼法に由来する街道の交通マナーで、交通に秩序を持たせることが目的だった。そして、一九四九年の道路交通取締法改正により、はじめて交通安全という観点から対面通行の制度が定められ現在に至っている。

道のどちら側を通っていたのか。この問題は日本社会がどう変化してきたのか、その一端を示していると考えられる。

コラム

古代の並木道

江戸時代の街道といえば、並木を思い浮かべる人も多いだろう。日光の杉並木街道や東海道の松並木は特に著名で、幕末に日本を訪れたオールコックも記録にとどめている。並木は幕府の命により植えられたもので、家康が江戸幕府を開いた翌年の慶長九年（一六〇四）には、一里塚の築造とともに、東海道、中仙道などの左右に松を植えることを命じている。これらは旅行者に便宜を図るための施策で、日差しを遮ることにより快適な旅ができるようにしたものだ。宝暦一二年（一七六二）には、並木保護政策を徹底させるとともに、五街道（日本橋を起点に伸びる東海道、中山道、日光街道、奥州街道、甲州街道）、脇街道など全国すべての往還に並木を植えさせた。こうした幕府の政策を受け、会津藩や熊本藩でも道の左右に杉を植えるなど、並木は漸次拡大していった。

実は、このような並木はすでに古代にもあった。確認されている最も古い例は、平城京の柳並木で、これは『万葉集』巻一九－四一四二の大伴家持《おおとものやかもち》の歌からわかる。

春の日に張れる柳を取り持ちて見れば都の大路思ほゆ

図8　槐の文字が記された木簡　平城京左京三条二坊八坪　二条大路濠状遺構出土
右京四条進槐花六斗〇／六月八日少属大網君／智万呂

この歌は、家持が越中守として赴任中に詠んだもので、春日にふくらんだ柳を折り取ってみると、都の大路がしのばれるという意味だ。柳から都大路を連想することは、平城京に柳並木があったことの傍証となる。

また、平城京左京三条二坊八坪二条大路濠状遺構出土木簡（二条大路木簡）の中には「槐《えんじゅ》」の文字が見える木簡が四点ある。

（表）左京五条進槐花一斗八升　坊監中臣君足 □〔拾ヵ〕小子五人功銭十五文　功別五升
（裏）天平八年六月十四日坊令大初位下刑部舎人造園麻呂

右京四条進槐花六斗　六月八日少属大網君 智万呂

（表）右京□槐花　八条四斗 五条三斗五升
六月八日

（裏）少属大網君智万呂
（表）〔右ヵ〕京九条進　槐花白　　月八日
（裏）少属大綱君智万呂

これらは左京五条、右京四条など京内の複数の地点から、この木簡の出土地付近の邸宅に、槐《かい》花《か》が差し出されたことを示すものだ。三つの木簡に名が見える大網君智万呂《おおあみのきみともまろ》は右京内の司法、行政、警察を司った右京職の少属《しょうぞく》（下級行政官）なので、槐花は京職を経由して進上されたことがわかる［図8］。

槐花は中国の明代末期（一七世紀）に書かれた産業技術書、『天工開物《てんこうかいぶつ》』には染料として用いられたことが知られ、平城京の槐花も染料として進上されたと考えられる。しかし、ここで注目すべきは、京内各所から槐花が進上されていること、つまり京内で比較的簡単に入手可能だったこと、そして槐《えんじゅ》は唐の長安城に街路樹として植えられていたことだ。このことから、平城京にも、槐の並木があったと考えられるのだ。

また、平安時代の史料だが、『続日本後紀』承和三年（八三六）七月二一日条には、

雷雨（中略）夜分に至り、朱雀の柳樹震う

とあり、朱雀大路の柳の木に落雷があったことが知られる。また、延喜五年（九〇五）から編纂が開始された、それまでに発出された律令に対する施行細則のうち、有効なものを集成した『延喜式』の「左右京式」には、

凡《おおよ》そ道路の辺《ほとり》の樹は、当司・当家を栽《う》えよ
守朱雀樹《すざくじゅもり》四人
凡そ神泉苑の廻《めぐり》の地十町の内は、京職をして柳を栽えしめよ（町別に七株）

と見え、平安京には柳の街路樹があり、京職がこれを管理していたことがわかる。

このように並木をもつ道路は、奈良時代までは京内に限られていたようだが、天平宝字三年（七五九）に東大寺の僧、普照《ふしょう》が太政官に対し、次のように奏上している。

道路、百姓《ひゃくせい》の来去《らいきょ》（往来）絶えず。樹、その傍《かたわ》らに在《あ》らば、疲乏《ひぼう》を息《やす》むに足る。夏は則ち蔭に就《つ》きて熱を避け、飢えれば則ち子《し》（果実）を摘みて之を噉《くら》う。伏して願わくは、城外道路の両辺、菓子の樹木を栽種《さいしゅ》せんことを

それを受けて太政官は、

畿内七道諸国の駅路両辺、遍《あま》ねく菓樹を種《う》えるべし

と命じている（『類聚三代格《るいじゅうさんだいきゃく》』巻七）。これは、駅路《えきろ》（都を起点に全国にはりめぐらされた幹線道路網）を旅する人たちのために、並木を植えることを決定したときのやりとりだ。並木があれば夏の暑いときは、木陰で涼むことができるし、実がなっていればそれを食べて飢えをしのぐことができるという普照の提案に対し、太政官がそれを認め、命令として諸国に発した。そして、弘仁一二年（八二一）には、道路近辺の人々が並木を伐採することが問題とされているので（『類聚三代格』巻一九）、この命令は実行されていたことがわかる。また、『延喜式』「雑式《ぞうしき》」には、

凡そ諸国の駅路の辺《ほとり》には菓樹を植え、往還の人をして休息することを得さしめよ。もし水なきの処には、便を量《はか》りて井を掘れ。

とある。このように平安時代の主要道路には、並木があったことがわかるが、発掘調査で並木の跡が見つかったのは、京内、京外を合わせても今までのところ、鳥取市の青谷横木遺跡の一〇世紀の柳並木の例のみだ。

なお、並木は平安時代のうちには姿を消したようで、後述するが、鎌倉時代、第三代執権北条

泰時は、東海道に柳を植樹したが、部分的なものにとどまったようだ。その後、並木を復活させたのは、織田信長で、冒頭に記したように江戸幕府により全国に展開した。

第2章　乗り物の話

1　明治日本の交通革命

モースが見た光景

明治一〇年（一八七七）に初来日した、大森貝塚の発掘で著名なアメリカの動物学者、エドワード・シルヴェスター・モース（一八三八―一九二五）は、日本で見聞きしたことを克明に記録して書籍として残した。その中に東京の交通に関わる次のような記録がある。

東京のような大きな都会に、歩道が無いことは奇妙である。往来の地盤は固くて平であるが、群衆がその真中を歩いているのは不思議に思われる。人力車が出来てから間がないので、年とった人々はそれを避けねばならぬことを、容易に了解しない。車夫は全速力で走って来て、間一髪で通行人を轢き倒しそうになるが、通行人はそれをよけることの必要を、知らぬらしく思われる。乗合馬車も出来たばかりである。これは屋根がある四方あけ放しの馬車で、馬丁がしょっ中先方を走っては人々にそれが来たことを知らせる。反射運動というようなものは見られず、我々が即座に飛びのくような場合にも、彼等はぼんやりした形でのろのろと横に寄る。日本人はこんなことにかけては誠に遅く、我々の素速い動作に吃驚《びっくり》する。彼等は決して衝動的になったりしないらしく、外国人は彼等と接触する場合、非常に辛棒《しんぼう》強くやらねばならぬ。（第四章　再び東京へ）

とても大きな荷物を二輪車に積んだのを、男達が「ホイ　サカ　ホイ、ホイダ　ホイ」といいながら、曳いたり押したりして行く。歩道は無いので、誰でも往来の真中を歩く——可愛い顔をした、小さな男の子が学校へ行く。奇麗な着物を着て、白粉をつけた女の子達が、人力車をつらねて何かの会合へ急ぐ——そして絶間なく聞えるのは固い路でカランコロンと鳴る下駄の音と、蜂がうなるような話し声。（第八章　東京に於る生活）

東京で銀座と呼ばれる一区域を除いては、歩道というものが無い。この銀座はある距離にわたって西洋風に出来ていて、煉瓦建の二階家の街衢《がいく》や、煉瓦の歩道や、辺石がある。それ以外、東京のいたる所では、車道が往来の一側から他の側にまで達し、その中央は僅かに丸味を帯び、かなり固くて平滑である。人々は道路の真中へまで群れて出る。男も女も子供も、歩調をそろえて歩くということを、決してしない。時に二人が手をつないだり、一人が連の者の肩に手をかけたりする。我国では学校児童までが、歩調をそろえるのに、日本人は歩くのに全然律動が無いのは、

特に目につく。（第二六章　鷹狩その他）

（傍線は引用者。エドワード・シルヴェスター・モース、石川欣一訳『日本その日その日』）

ここに見えるように、明治初期の東京の交通は混迷の中にあった。明治に入って急速に普及した人力車などが勢いよく道を通るが、歩行者はそれを避けることを知らない。こうした様子にモースは心配のまなざしを向け、繰り返し記録している。

なぜ、こんな事態を招いたのか？　日本の道路に歩道（歩行者専用道路）がなかったのもさることながら、そもそも、日本人は、車が頻繁に往来する光景に見慣れていなかったからだ。明治時代は車輛の普及という、交通史上の大きな画期であった。

JAPAN DAY BY DAY（邦題『日本その日その日』）

一九一七年にボストンで刊行されたモースによる日本見聞録。一八七七年の初来日から、一八七八年の再来日、一八八二年の三度目の来日で見聞きしたことを、自身が描いた七七七枚のスケッチとともに克明に記す。全二六章、東京をはじめとする関東圏のみならず北海道、東北、近畿、中国、九州についても記載がある。その内容は彼の研究の主たる対象であった海の腕足類だけでなく、日本の風俗、生活習慣、伝説など多岐に及ぶ。また、矢田部良吉ら当時の日本人の学者との交流も記されている。私個人としては、「平家蟹《へいけがに》」について解説とともにスケッチが載せられていることに、日本ではじめて進化論を体系的に紹介しつつも、日本の伝説にも関心を示す好奇心旺盛なモースの姿を見たようで興味をひかれた。

鉄道と馬車

のちに詳しく述べるが、乗り物の利用は江戸時代までは身分による厳しい制限があった。それが明治政府による四民平等政策により、身分制度が撤廃され、その利用が広く開放されるようになった。また、明治政府の欧化政策によって、西洋から文物や制度、技術などさまざまなものが日本にもたらされたが、その中には乗り物も含まれていた。新たな乗り物の導入は、近代化の推進に大きな役割を果たした。

この時代に起こった交通史上の大きな変化は次の二点に集約される。

①新しい乗り物の導入と急速な普及
②交通事故やマナー違反の頻発と交通ルールの設定

図９　歌川国輝「浅草金竜山広小路馬車人力車往来之図」（東京都立中央図書館蔵）

では、これらについて見ていこう。

明治時代に導入された新たな乗り物といえば鉄道である。明治二年（一八六九）正月、箱根をはじめ全国の関所が廃止され、同年には新橋―横浜間の鉄道建設が正式決定された。翌年、イギリスからエドモント・モレルが建築師長に着任し、明治五年（一八七二）一〇月に正式開業を迎えた。鉄道の建設は、その後、全国で進められるようになり、明治七年五月には大阪―神戸間が、明治一三年（一八八〇）には手宮（小樽市）―札幌間が開通。翌年には日本初の私鉄、日本鉄道株式会社が設立され、鉄道建設は加速化していった。

鉄道とほぼ同時に西洋から移入された乗り物に馬車がある。日本では古くから、馬が重要な移動、輸送手段として用いられていたが、なぜか馬に車を曳かせる馬車は生まれず、幕末に外国人によって導入された。本格的な導入に至ったのは、明治二年の横浜―東京間の乗合馬車の開通からで、その様子は錦絵「浅草《あさくさ》金竜山《きんりゅうざん》広小路《ひろこうじ》馬車《ばしゃ》人力車《じんりきしゃ》往来《おうらい》之《の》図《ず》」に描かれている［図9］。そして、明治一五年（一八八二）には新橋―浅草橋間で馬車鉄道が開通し、各地でそれにならい、馬車鉄道の建設が進められるようになる。しかし、その後、鉄道の延伸や自動車の普及により、馬車は次第にその役割を奪われ、さほど普及しないままにその利用は終焉を迎える。

文明開化の唯一の創造物——人力車

鉄道や馬車の導入は人々の目をさぞかし驚かせただろうが、この時代に誕生した最も身近な乗り物は人力車だ。人力車は、明治三年（一八七〇）三月二四日に東京府で「通行人の迷惑にならないように注意のこと」や「もし、事故をおこした際は厳罰に処す」などの条件付きで営業が認められて以来（『府治類纂《ふちるいさん》』）、瞬《また》く間に普及した。現在のタクシーともいえる人力車は、乗り心地の良さや速度が速いこと、労働コストの安さなどの理由から、明治五年ごろには都市部では、江戸時代のそれであった駕籠を駆逐し、一気に乗り物の主役になった。

なお、人力車は「文明開化の唯一の創造物」と評されるように、日本独自の発明品であり、それは国内にとどまらず、やがて東南アジアやインドなどに輸出されるようになる。

人力車の営業許可から一年が過ぎた、明治四年一二月の東京府文書「府下地坪人力車数調《ふかじつぼじんりきしゃすうちょう》」には、東京府における保有台数が一万〇八二〇台と記され、営業許可から一〇年後の同一三年（一八八〇）になると、保有台数は二万四六九四台に達している（内閣統計局編『日本帝国統計年鑑』一八八二年）。そのピークである明治二〇年代後半には、全国で約二一万台もの人力車が往来していたことを考えれ

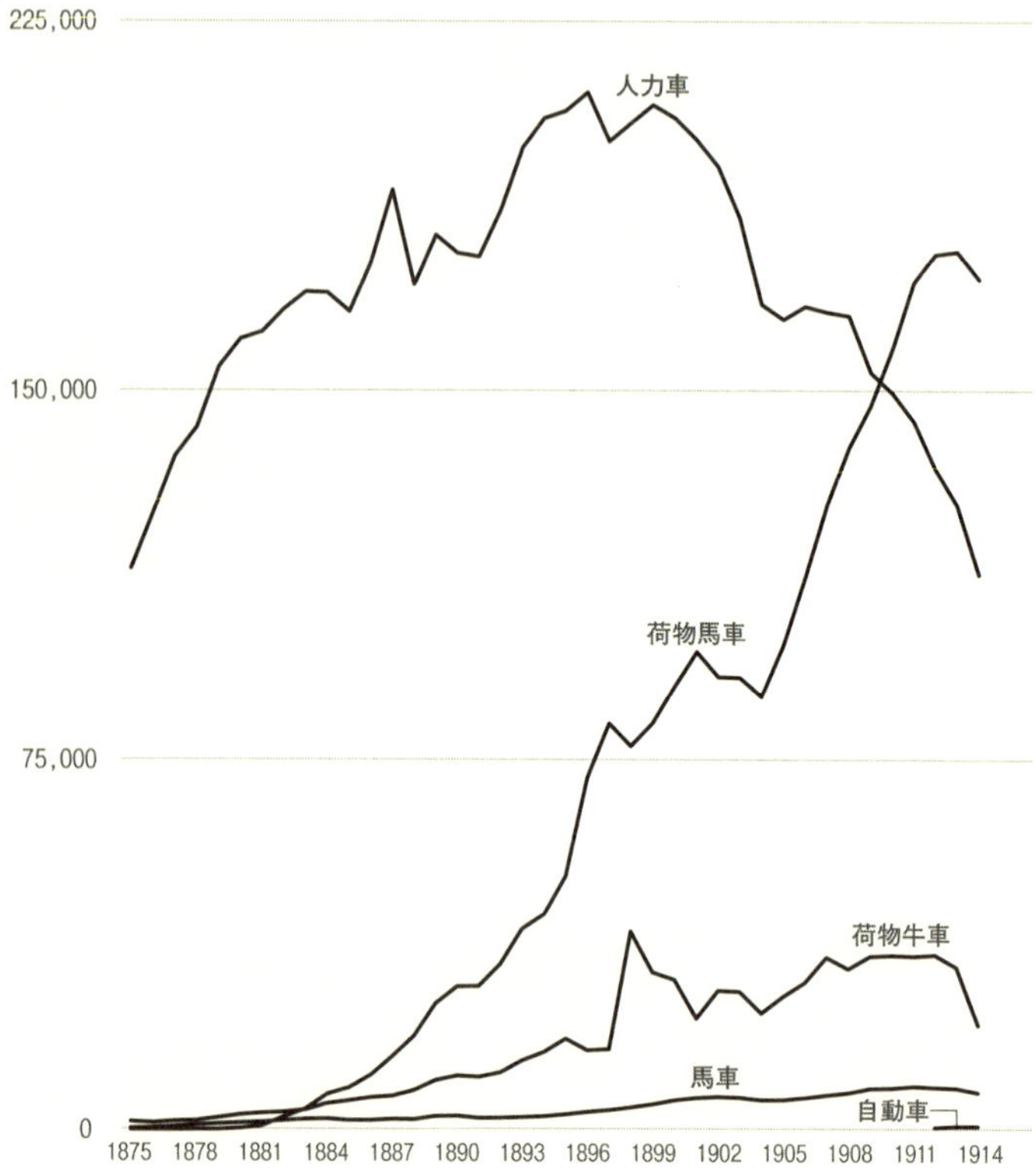

表３　車輛台数の変遷（『日本帝国統計年鑑』より）

ば、人力車はわが国の近代化の象徴の一つということもできよう［表3］。

先述したように、人力車の爆発的な普及の背景には、明治政府による四民平等政策にあった。それにより、金銭さえ支払えばだれでも乗り物を利用することができるようになった。ただ、その一方で人力車は、西洋の馬車をヒントに開発されたと考えられており、いわば馬の仕事を人がおこなうという性質をもっていた。そのことは、日本を訪れた西洋人に複雑な感情を抱かせた。

そうした問題があるにせよ、明治時代は現代につながる車輌輸送の時代の幕開けというべき時代だった。そして、馬車、人力車、鉄道に続き、明治一〇年代には自転車が普及し始め、明治二八年（一八九五）には京都で路面電車が開業するなど、交通手段も多様化していく。それと同時に、荷牛馬車や荷車も輸送手段としての需要が高まり、明治二〇年ごろから増加の一途をたどるようになる。

自動車

現代の道路交通の主役である自動車は、一七六九年にフランスで生まれた。ニコラ・ジョセフ・キュニョー（一七二五―一八〇四）はフランス陸軍の依頼を受け、大砲を運ぶために蒸気で走る砲車を発明したのが、世界最初の自動車とされている。日本には、明治三一年（一八九八）に最初に持ち込まれたとされ、明治三七年には早くも国産車が生まれている。ただし、明治四〇年時点で国内の自動車台数はわずか一六台、大正一二年で一万二七六五台にすぎないなど、普及率も低く、また技術力も西洋に大きく後れをとっていた。

交通事故やマナー違反の頻発と交通ルールの設定

新たな交通手段の誕生に伴い、法令も整備された。明治四年（一八七一）四月には八カ条の「馬車《ばしゃ》規則書《きそくしょ》」と六カ条の「人力車渡世規則《じんりきしゃとせいきそく》」が、翌年に「馬車規則」と「人力車渡世之者心得規則」が制定された。さらに明治一四年一二月には「人力車取締規則」が制定され、人力車の営業上の注意や道路通行上の注意（たとえば「軍隊及び車馬に行逢ふ時ハ左リに避け」などとある）が規定されている。

一方、人力車の爆発的な普及などによる交通量の増加は、モースも記録したように、相当の混乱を招いたようで、そうした状況だから、交通事故やトラブルも多発した。明治一一年に交通関係の条項に違反して科料・拘留に処せられた人数は次のとおりだ。

無灯ニテ諸車ヲ挽ク者（無灯火運転）	九九四人
馬車留ノ道路等ヲ犯ス者（車輌の通行妨害）	二八六人
車馬ヲ往来ニ置キ行人ノ妨ゲヲナス者（駐車違反）	二三四人
人力車挽等強イテ乗車ヲ勧ムル者（強引な客引き）	一三〇人

車馬等ヲ馳駆シテ人ヲ触倒スル者（人身事故）	九六人
街上ニ於イテ高声ニ唱歌スル者	七八人
荷車等往違ノ節、人ニ迷惑ヲ掛ケル者	六三人
斟酌《しんしゃく》ナク馬車ヲ疾駆スル者	五五人
酔ニ乗ジ車馬等ノ妨ゲシ者	三三人
無灯馬車ニテ通行スル者	二三人

（道路交通問題研究会編『道路交通政策史概観』より）

　このように、明治時代には都市部を中心に交通量が増加し、事故が多発するとともに、それへの対処としてさまざまな取り決めがなされた。その最初の取り決めが、第1章で紹介した明治一四年の「行き会いの場合の左側通行」を命じた警視庁達だった。そして、明治三三年（一九〇〇）に道路の使用、管理、通行区分など六三カ条にわたる「道路取締規則」が施行され、それが、現在に続く交通制度のはじまりとなった。

明治時代初めの交通混乱はなぜ起こったのか

　繰り返しになるが、明治政府が進めた急速な欧化政策は、交通の混乱を招いた。その原因は、日本では江戸時代まで乗り物の利用が身分によって制限されていたこと、また、車輪を持った乗り物や輸送具の利用が制限されるなど、人々が乗り物に接する機会そのものが限られていたことだ。そうした状況の中、乗り物の利用が庶民にまで開放され、需要に応えて、その数も急速に増加したため、車輛の往来に適した道路整備、交通制度の整備、安全教育のすべての面において対応できなかったのだ。詳しくは、第4章で述べるが、当時の道路は、車輛の頻繁な往来に耐え得るだけの強度を有しなかったため、急速に劣化が進み、利用する人々から不平不満があふれることとなってしまった。

本章では、明治の交通混乱につながった江戸時代以前の乗り物の問題を、乗用と輸送とに大別したうえで、前者については利用に関する制限がどのように変化してきたのかを中心に、後者については、主に車輛の普及や利用に関する諸規制を中心に考察する。

イザベラ・バードによる明治政府への提言

イギリスの旅行家であり、紀行作家でもあったバード（一八三一－一九〇四）は、明治一一年（一八七八）に訪日し、東京から日光、新潟を経て日本海側を通り北海道まで旅をしている。その体験を一八八〇年に、Unbeaten-Tracks in Japan 全二巻にまとめている。『日本奥地紀行』と訳されたこの本には、会津と新潟とを結ぶ道路に関する記載とそれを受けての明治政府への提言が記されている。

道路はひどいもので、辷《すべ》りやすく私の馬は何度も辷って倒れた。（中略）りっぱな道路こそは、今の日本でもっとも必要なものである。政府はイギリスから装甲軍艦を買ったり、西洋の高価なぜいたく品に夢中になって国を疲弊させるよりも、国内の品物輸送のために役立つ道路を作るというような実利のある支出をすることによって国を富ましたほうが、ずっと良いことであろう。（イザベラ・バード、高梨健吉訳『日本奥地紀行』）

政府の急速な欧化政策に対し、まずは国の土台となるインフラを整備すべきという提言だったが、これを政府が受け入れることはなかった。その結果、日本はのちに深刻な道路問題に直面することになる。

2　身分と乗り物——高貴な人の乗り物

天皇と輿

繰り返しになるが、日本における乗り物は、身分制度と密接に結びついていた。乗り物を利用でき

図10　鳳輦　東京国立博物館蔵
（ColBase https://colbase.nich.go.jp）

るか否かはもとより、乗車が許されている人でも、地位の高さやTPOにより、利用できる乗り物の仕様が違った。乗り物が乗車する人の身分を表していたのだ。

また、天皇を乗り物で表す場合もあった。たとえば、『日本書紀』における「車」の初出は景行三年二月一日条の大王の紀伊への行幸記事だ。

> 三年の春二月の庚寅《かのえとら》の朔に、紀伊国に幸《いでま》して、群《もろもろ》の神祇《あまつやしろくにつやしろ》を祭祀《いわいまつ》らむと卜《うら》ふるに、吉《よ》からず。乃《すなわ》ち車駕《みゆき》止《や》みぬ。

ここに「車駕」とあるが、これは車ではなく、行幸（天皇の外出のこと。皇后や皇太子の外出は「行啓」という）を指している。『律令』「儀制令」のうち天皇の尊称について定めた天子条には、「車駕《しゃが》。行幸に称する所」とあるように、天皇の代名詞の一つだったことがわかる。

また、「乗輿《じょうよ》」も「儀制令」天子条に記載があり、天皇の代名詞の一つだったことがわかる。『続日本紀』養老六年（七二二）正月二〇日条には、正五位上穂積朝臣老《ほづみのあそんおゆ》が、乗輿を指斥《ししゃく》（名指しで非難すること）した罪で、佐渡島に配流されたとある。官人の職務内容に関する一般的な犯罪についての罰則を定めた「職制律《しきせいりつ》」には「乗輿を指斥し、情状が過激であれば（大不敬罪として）斬罪」とあり、ここからも乗輿が天皇のことを指していることが知られる。

ちなみに「車駕」は中国においては天子が乗る車のことで、『史記』「劉敬《りゅうけい》叔孫通《しゅくそんつう》列伝」などに見られる。なお、中国では「鳳輦《ほうれん》」「鸞輿《らんよ》」などの天使の乗り物が記録に現れるが、日本でも鳳輦（「鳳《ほう》輿《よ》」と表記する例もある）は、天皇の乗り物として奈良時代以降、明治初期まで一二〇〇年にわたって利用された［図10］。鳳輦には「鳳」の字のとおり屋根に鳳凰《ほうおう》の飾りがついていた。明治二年（一八六九）に、明治天皇が東京へ行幸する際は、京都から東京まで鳳輦に乗っており、皇后は板輿《いたごし》を利用した。東海道を二〇日かけて行く旅程だった。

輿と輦

『律令』において、中央・地方の各官司の官名・職員・職掌などを定めた「職員令《しきいんりょう》」主殿《しゅでん》条には、行幸の際の乗り物として輿輦《よれん》が見え、貞観一〇年（八六八）に明法家、惟宗直本《これむねのなおもと》により編纂された『律令』の注釈書、『令集解《りょうのしゅうげ》』「職員令」主殿条によると「輿」は無輪、「輦」は有輪で、輿には肩に担ぐ輦輿《れんよ》（『令集解』は単に「輿」と表記）と腰の位置で持つ腰輿《ようよ》（手輿《たごし》）に大別されている。読みは輿が「母知許之《もちこし》」、腰輿が「多許之《たごし》」、輦が「久留万《くるま》」とある。ただし、平安時代には、輿と輦との区別は曖昧だったようで、先に紹介した鳳輦も「輦」の字があてられているが、実際には車輪がなかった。

輿に乗った人々

鳳輦の文字が正史に現れるのは、『続日本後紀』嘉祥《かしょう》三年（八五〇）正月四日条だが、天皇が輿を利用したことがわかる確実な史料は、『万葉集』巻一－七八の元明天皇が詠んだとされる歌の題詞だ。

和銅三年庚戌の春二月藤原宮より寧樂宮《ならのみや》に遷《うつ》りましし時に、御輿《みこし》を長屋の原に停《とど》めて迥《はる》かに古郷を望みて作れる歌（一書に云《いわ》く、太上天皇《おおきすめらみこと》の御製《おほみうた》といへり）

飛鳥の明日香の里を置きて去《い》なば君があたりは見えずかもあらむ

一方で『日本書紀』には、天皇以外の人物が輿を利用した例が早くから見られる。最も古い例は、垂仁一五年八月一日に竹野媛《たかのひめ》が輿から転落し、自ら命を絶ったという話。次いで天武元年（六七二）六月二四日条に騎馬で、東国に脱出する大海人《おおあま》王子に、妃菟野王女《うののひめみこ》が輿で従ったという話が見える。これらからすると、本来、輿は女性王族の乗り物だったのかもしれない。そして、『続日本紀』文武四年（七〇〇）正月七日条には天皇が左大臣多治比真人嶋《たじひのまひとしま》に対し、長年の功績をたたえ、霊寿杖《れいじゅじょう》と輿を与えたとある。嶋は宣化大王の四世孫で、このとき、おそらく七〇代と考えられる。老齢の忠臣をいたわる意味で贈られたのだろう。

多治比真人嶋へ利用を認めて以降は、臣下の輿の利用が確認できるのは、奈良時代では聖武太上天皇の招きに応じて入京した宇佐八幡神の禰宜《ねぎ》尼《に》大神朝臣社女《おおがのあそんもりめ》の例（『続日本紀』天平勝宝元年〈七四九〉一二月二七日条、八幡神が社女に憑依《ひょうい》していたとされていたようなので、臣下ではなく神に輿を提供したといえ、これが史料に記された日本最初の神輿にあたる）、病を得た佐伯宿禰《さえきのすくね》今毛人《いまえみし》の例（同宝亀八年〈七七七〉四月二二日条）に限られる。

また、長屋王邸木簡の中には、

輿籠《こしこ》持廝《じし》八人飯一斗六升

と書かれた木簡が出土している［図11］。輿籠は、平安時代初めに薬師寺の僧、景戒《けいかい》により記された仏教説話集『日本霊異記《にほんりょういき》』（日本国現報善悪霊異記《にほんこくげんぽうぜんあくりょういき》）の「雷《いかずち》を捉へし縁」に見える、小子部栖軽《ちいさこべのすがる》が捕えた雷を大王の宮に運ぶときに乗せた「轝籠《こしこ》」と同様のものと考えられる。どのような形態のものかはよくわからないが、栖軽は雷を天皇の命には従うべき存在として扱いつつも、雷神と敬っているので、輦籠は高貴な人物の乗り物だったと考えられる。なお、『延喜式』「神祇式」にも「輦籠」（輿籠ともいう）が見えるが、これは竹や木を編んで作った、物を入れて運ぶための籠のことで、乗り物ではな

図11　長屋王邸出土木簡
表・◇輿籠持廝八人飯一斗六升〇／菅生□嶋／二月十九日∥

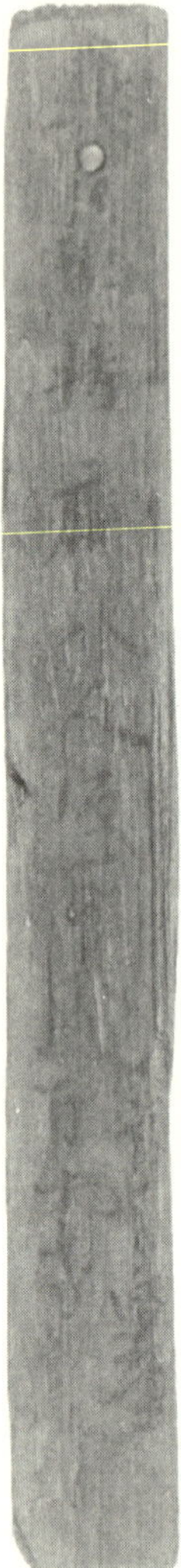

い。

この長屋王邸木簡には、輿籠を運ぶ召使い八名に、飯一斗六升を支給したとある（一人当たり二升で、この量は長屋王邸における工人や肉体労働者らの一日当たりの支給量と同じ）。二本の轅《ながえ》を前後それぞれ二人で担ぐものだったと考えられ、長屋王か吉備内親王の乗り物だった可能性がある。

長岡京左京二条二坊九町から、

進上政所歩板捌枚簀桁参村束柱拾根薦陸束
肱木貳村斗貳村箕形板貳枚　右載
角万呂車一両

と記された木簡が出土している。これは何らかの部材を車一台に積んで進上したことを示す木簡だが、部材の内容や量から、輿の部材だったと考えられている。
これらの事例から、輿の利用範囲は文献史料で認められるよりもやや広かったことがわかるが、それでも天皇やそれに近い者、特別な許可を受けた者に限定されていた。
平安時代になると『公卿補任《くぎょうぶにん》』仁和五年（八八九）条に見える関白太政大臣藤原基経《もとつね》に腰輿を認めた例、寛平二年（八九〇）に左大臣源融《みなもとのとおる》に腰輿を認めた例が確認されている。

輿入れ

嫁入りすることを、輿入れともいうが、これは嫁の乗った輿を婿の家に担ぎ入れたことに由来する。平安時代後期、武士の間で婚姻により女子が男子の家に入る、いわゆる嫁入りの慣習が生まれた。それが室町時代に武家の礼法が確立していく中で、作法が整えられ、その後、公家にも広がっていった。

室町時代の幕臣、伊勢貞陸《さだみち》（一四六三―一五二一）が室町時代中ごろの武家嫁入りの故実を記した書、『嫁入記』や『よめむかへの事』には当時の輿入れの様子が記されている。それによると、夕刻に花嫁の乗った白木の板輿が、篝火《かがりび》が焚かれた生家の門を、行列を組んで出る。行列は、嫁入り道具の品々を先に進め、その後に輿が進む。身分が高ければ道具や輿の数も多くなり、将軍家姫君ともなると行列の長さは数十丁（数キロメートル）にも及んだという。婚家では門前に篝火を焚き行列を迎え、中門または玄関の入り口で、輿は婚家へと引き渡される。そこから輿は、建物の中まで運ばれ、そこで花嫁ははじめて輿から降りるという。

江戸時代になると、身分の低い武士や町人であっても華美な嫁娶儀式をおこなうことが増えたようで、寛永一二年（一六三五）の『諸士法度《しょしはっと》』において、「結婚式を派手にせぬ事。今後は、地位や財力に応じ省略する事。上級武士と云えども長柄つり輿三拾丁、長持《ながもち》（長方形の木箱）は五拾棹を超えぬ事。全体にこの数量を参考に財力応分になす事」と定められた。

輿に乗ってどこまでも……

輿は長距離移動にも用いられた。古代に繰り返しおこなわれていた輿による長距離移動といえば、斎王《さいおう》（天皇に代わって伊勢神宮に祀られる天照大神《あまてらすおおみかみ》に仕える未婚の皇族女性）の京都から伊勢の斎宮《さいくう》御所（現在の三重県明和町に所在する史跡斎宮跡）への下向がその代表的な例だ。一〇世紀半ばの故実書『西宮記』では、都における発遣《はっけん》の儀式から斎宮御所へ入るまでのすべての儀式・行程である「群行《ぐんこう》」の様子がわかるが、出発の儀はそれ以前からおこなわれていた。

養老元年（七一七）から養老五年まで斎王を務めた久勢《くせ》女王の発遣の様子を、『続日本紀』養老元年四月六日条は次のように記す。

百官送りて京城の外に至りて還る

『延喜式』「斎宮式」によると、斎王は数百人の官人、官女を従え、途中、近江国府、甲賀、垂水《たるみ》（現在の甲賀市土山町。宮跡は垂水斎王頓宮跡《とんぐうあと》として史跡に指定されている）、鈴鹿、壱志《いっし》（現在の津市一志町）に設けられた頓宮（仮設の宮）にそれぞれ宿泊し、六日目に斎宮へ到着することになっていた。

斎王の発遣は、天武天皇の皇女で大津皇子の姉、大来皇女《おおくのひめみこ》（実在が確認される最初の斎王）以来、鎌倉時代の後嵯峨天皇の皇女、愷子《やすこ（がいし）》内親王まで五〇回を数え、都と斎宮との間の約一三五キロの道中を輿に乗った皇女が往復した。なお、最後の斎王発遣は、建武三年（一三三六）の、後醍醐天皇の皇女、祥子《さちこ（しょうし）》内親王だが、建武政権が崩壊したため、斎宮に赴くことはなく以後群行もおこなわれなくなった。

輿の利用例で最も移動距離が長いのは、先に紹介した天平勝宝元年（七四九）一一月一九日に豊後国宇佐から都へと向かった八幡神一行だ。その距離は約六二〇キロ。一二月二七日に東大寺で孝謙天皇、聖武太上天皇、光明皇太后をはじめ、文武百官、諸氏が集まり、五千人もの僧を集めておこなわれる盛大な法会《ほうえ》に招かれ都を訪れた八幡神一行の中心にいたのは、神が憑依した禰宜尼、大神朝臣社女が乗る天皇が利用するのと同じ紫の輿だった。

八幡神がこのような厚遇を受けたのは、遠く宇佐の地にありながらも、聖武天皇による大仏建立という国家的プロジェクトを神の名をもって応援したからだ。神でありながらも仏のために「我が身を草木土に交へて」でも、大仏建立を成就させると託宣した八幡神は、まさにこの法会の主役であり、主賓であった。

そのため、八幡神が都へ向かうという宣言を受けた朝廷は、一一月二四日に参議、従四位上石川《いしかわの》朝臣《あそん》年足《としたり》と、侍従・従五位下藤原朝臣魚名《うおな》を、神を迎えるための迎神使《かみをむかふるつかひ》として派遣した。そして、八幡神が通過する国には、兵士百人以上を徴発させ前後の警護に当たらせるとともに、殺生の禁断と道路の清掃を命じた。

宇佐から平城京までの間の八幡神の移動手段は『続日本紀』には現れないが、『八幡《はちまん》宇佐《うさ》宮御《ぐうご》託宣《たくせん》集《しゅう》』には、

> 旧記に云く。天平勝宝元年己丑一二月二八日、東大寺供養す。左兵衛督藤原朝臣を以て勅使と為し、大神を平城宮に勧請し奉る時、吾が神、禰宜大神社女と同じく神輿に乗り、神主大神朝臣田麻呂は神駅（神馬）に乗って京に入り、大膳職《だいぜんしき》（食膳を用意する役所）に宿り給ふ

とあることから、八幡神（大神社女）を輿に乗せて西海道から山陽道を通って都へ向かったと考えられる。

輿による長距離移動はその後も認められ、中世には、嘉禎四年（一二三八）正月二八日に鎌倉を出

立し、約四五〇キロを移動し、二月一七日に入京した鎌倉幕府四代摂家将軍藤原頼経《よりつね》の例がある。近世には、文久元年（一八六二）一〇月二〇日に、京を去り将軍徳川家茂に嫁いだ皇女和宮も、輿に乗って中山道を江戸へと向かったことが知られる。約五三〇キロ、二四泊二五日の長旅であった。行列は千数百人で、道中、京から一万人、江戸幕府から一万六千人が加わり、人足なども含めると三万人余りに膨らんだという。行列の長さは約一二里（四八キロ）で、通過するまで四日間もかかったそうだ。

そして、先に紹介したように、明治天皇も東海道を鳳輦に乗り、京都から江戸へ約四九〇キロの道を行幸した。このように、高貴な人物の移動には、たとえ距離が長くとも輿が利用された。斎王の群行や八幡神の上京はある意味、政治的・宗教的なイベントであり、隊列を組んでおこなわれた。輿に乗るということは、単に乗り物を利用した移動というだけでなく、沿線の人々に対し、豪華な行列を見せることで主催者の権威を示し、高貴な人物が移動するような重要なイベントがおこなわれていることを宣伝する、いわばパレードだった。

輿の種類

江戸時代の図解百科事典、『和漢三才図会《わかんさんさいずえ》』には車駕類として、車・輦（天久流万《てぐるま》）・轝（古之《こし》）・轎《たこし》（太古之《たこし》）・駕籠・乗物の六種類をあげるが、そのうち、輦・轝・轎が輿に相当す

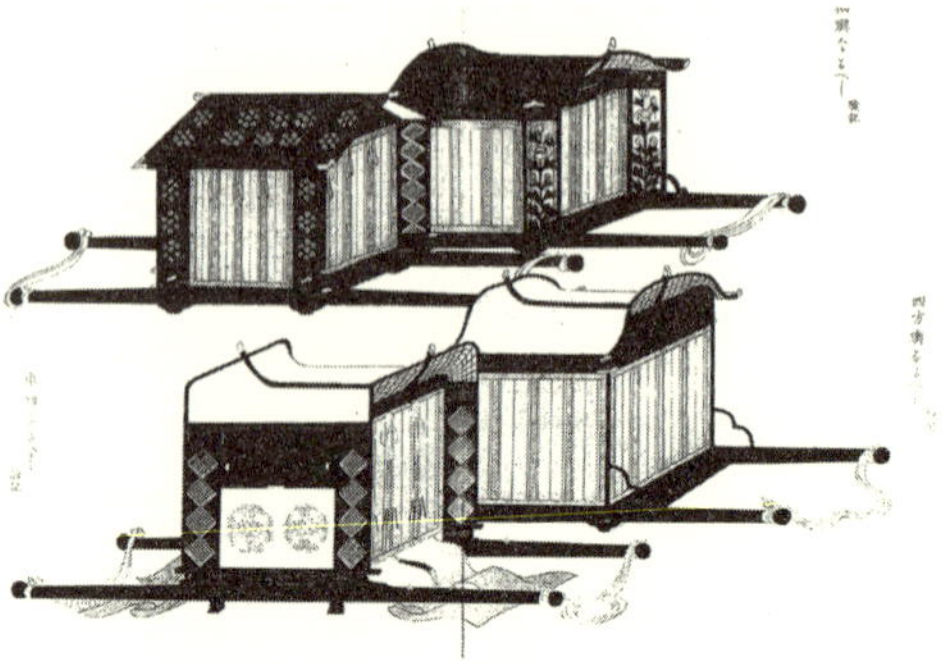

図12　『輿車図考附図』に載せる各種の輿（今泉定介編『故実叢書』）

る。また、白河藩主で老中として寛政の改革（一七八七―一七九三）を主導したことで名高い松平定信《さだのぶ》が著した『輿車図考《よしゃずこう》』では、総板製の屋形による板輿、屋形を牛車に似せた網代輿《あじろこし》、屋形を筵《むしろ》張りにした略式の輿である張輿《はりごし》、四辺に朱塗りの高欄を巡らせただけで屋形のない小輿《こごし》などが描かれている［図12］。

　このほかにも、上皇、摂関、大臣をはじめ公卿などが遠出の際に用いる高級な輿である四方輿《しほうごし》、屋形を漆塗りにした塗輿《ぬりごし》、女性専用の女房輿、また屋形がなく、人が座る台の左右と背後に手摺《てすり》のみ設けた塵取輿《ちりとりごし》などがあった。

戦国時代と輿

戦国時代の公卿、中御門宣胤《なかみかどのぶたね》の日記、『宣胤卿記《のぶたねきょうき》』の長享三年（一四八九）正月一〇日条には、次のようにある。

今日東山殿諸家参賀也。予障《さわ》り故に参らず。近年参る人最も小也。殿下（関白一条冬良《ふゆよし》）より、今日の御参賀の御乗用の為、予の輿を借り召されるの間、皆具《つぶさ》に進めおわんぬ。乱来（応仁の乱）摂家、清華《せいが》皆以て板輿《いたこし》に乗る、車（牛車）の沙汰に及ばず、輿所持する方尚以って希《まれ》也。末代の作法悲しむべし。

この記事は、東山殿、すなわち将軍職を引退した足利義政の東山の山荘への参賀を記したものだ。参賀を欠席する宣胤のもとに、関白一条冬良が輿を借りに来た。それに対し宣胤は、応仁の乱以降は、公家の最上位である五摂家（近衛《このえ》家、一条家、九条家、鷹司《たかつかさ》家、二条家）や、それに次ぐ清華家（三条家、西園寺《さいおんじ》家、徳大寺《とくだいじ》家、久我《こが》家、花山院《かざんのいん》家、大炊御門《おおいのみかど》家、菊亭《きくてい》家）であっても、牛車を利用できず板輿に乗っており、またそれ以下の身分の者は輿すら所有していないと、嘆いている。

宣胤の嘆きはともかく、平安時代には個人に特権的に認められていた輿の利用が、室町時代には家柄に応じて使用が認められていたことがわかる。

また、治承四年（一一八〇）から文永三年（一二六六）までの鎌倉幕府の事績を記した『吾妻鏡《あづまかがみ》』には、将軍や若君、御台所《みだいどころ》ら鎌倉幕府の人々が輿を利用していたことを示す記事が複数認められる。最も早い例は、文治二年（一一八六）一一月一二日条で、若公鶴岡八幡宮に御参、御輿を用ひらる。

とあり、当時四歳の源頼家《よりいえ》が輿に乗って鶴岡八幡宮を参詣したことがわかる。

なお、弘長元年（一二六一）の『関東新制条々』では「鎌倉中乗輿事　一切可停止之」と、鎌倉での輿の利用を原則、禁止しているが、殿上人（五位以上）と僧侶、六〇歳以上の御家人は利用を許されている。室町時代には将軍、鎌倉公方、管領家などが輿を利用したことが認められる。ただし、乗り物としてのランクは牛車よりも低いとされていた。もちろん、ここでいう輿とは、天皇の乗る鳳輦よりも簡素なもので、担ぐ人数も少ないものだが、『宝篋院殿将軍宣下記《ほうきょういんどのしょうぐんせんげき》』延文三年（一三五八）一二月二二日の記事には、将軍足利義詮《よしあきら》が車に乗り、鎌倉公方《くぼう》の足利基氏《もとうじ》と管領《かんれい》斯波《しば》義縄《よしただ》が腰輿に乗ったことが記されている。

また、享禄元年（一五二八）に伊勢貞頼《さだより》がまとめた『宗五大草紙《そうごおおぞうし》』や一五世紀末前後に伊勢貞陸《さだみち》がまとめた『常照愚草《じょうしょうぐそう》』には、塗輿《ぬりごし》は、三職《さんしき》（細川・斯波・畠山家）、御相伴衆《おしょうばんしゅう》（山名・一色・畠山匠作《しょうさく》家《け》・細川讃州家・赤松・京極・大内など）と吉良、石橋らは許可がなくてもいつでも利用できるが、御相伴衆の中でも赤松・京極・大内、大名の土岐・六角は許可が必要とある。細川右馬頭・政所執事の伊勢氏、評定衆《ひょうじょうしゅう》は代々、利用できるとされているが、一定の年齢（四二歳か）を超えてからという条件付きだったようだ。なお、室町幕府は乗輿の規定に加え、供まわりの人数や馬の数などの行列の組み方、路頭礼まで細かく定めていた。その内容は、第1章で見た平安時代の貴族の礼法並みに詳細だ。

　このように、輿の利用は時代を経るごとに拡大していき、それにつれて種類も増加していった。しかし、高級な輿は一般に開放されることなく、その利用はあくまでも身分によっていた。当然、道行く人からしても、いつでもどこでも見かけるものではなく、都など限られた場所で、限られた時期にしか見られなかった。

公家の家格と輿

　先述したとおり日本の律令制では、「官位令」により位階と官職とが紐づけられ、身分の序列が定まったが、平安時代になると家格、すなわち家柄、血統が重んじられるようになった。出自により昇進の上限が決められたり、官職を実質的に世襲するようになったりした。家格は摂関家、清華家、大臣家、羽林《うりん》家、名家、半家の順でランクづけられ、各家の当主の官位もそれに準じて与えられた。

　輿の利用も、属人的ではなく家格によって許可されていたと考えられる。その場合、輿を貸し出した宣胤の中御門家は、右大臣従二位の藤原定方を祖とする藤原北家勧修寺流《かじゅうじりゅう》の名家なので、少なくとも名家までが許可対象となっていたと思われる。

王朝文化の華――牛車

人を乗せるための車輛のうち、古代日本を象徴するものといえば、牛車があげられる。ただ、その成立がいつなのかは、はっきりしない。『日本後紀』弘仁六年（八一五）一〇月二五日条には、嵯峨天皇が、「内親王・孫王《そんのう》・女御《にょうご》以上の者・四位以上の内命婦《ないみょうぶ》（五位以上の位をもつ女官）・四位参議以上の者の嫡妻《ちゃくさい》（正妻）とその子および大臣の孫は、みな金銀を用いた装車に乗ることを許可する」としているので、このころには牛車の利用が始まっており、主に女性の乗り物とされていたことが確認できる。

また、『続日本後紀』承和九年（八四二）八月一三日条には、同年、嵯峨上皇の崩御により発生した政変（承和の変）により皇太子の地位を奪われた恒貞《つねさだ》親王が淳和院《じゅんないん》に向かう際に、小車に乗って宮中を出て、神泉院《しんせんいん》の東北の角で牛車に乗車したとある。

さらに、長保元年（九九九）七月二七日付の太政官符《だじょうかんぷ》から、牛車の利用は次のような変遷をたどったことが知られる。

①寛平六年（八九四）に貴賤男女を論ぜず一律に乗車が禁止される
②翌七年に男のみ乗車を認める宣旨《せんじ》（天皇の命令）が出される

③それによって、身分を憚らず恣《ほしいまま》に乗車する傾向が顕著になる
④よって、この太政官符で外記《げき》・官史《かんし》・諸司《しょし》判官《ほうがん》以上ならびに公卿子孫・昇殿を許された者・蔵人所衆・文章《もんじょう》得業《とくぎょう》生《しょう》らの例外を除いて六位以下の乗車を一切禁止することを決定する

この太政官符が出されるころから、貴族の日記や物語、絵巻物などに牛車が頻出し、その利用にまつわるトラブルなども多くなっている。平安遷都後しばらくしてから普及し始めた牛車は、何度かの取り締まりを受けながらも、利用者層を拡大させつつ、貴族社会の中にしっかりと根づいていった様子がうかがわれる。

また、『延喜式』「内匠《たくみ》式」には牛車についての記載がある。内匠寮は、天皇家の調度品や儀式用具などの製作を担当する役所で、『延喜式』が施行された康保四年（九六七）以前には、内匠寮で牛車の製作がおこなわれていたことが知られる。

ちなみに、『延喜式』に見える牛車の基本構造は、屋形、輪（車輪）、轅《ながえ》・輻《や》（スポーク）、博風《はふ》（屋根の切妻の三角形の部分に取りつける板）、歩板、軸木（車軸）からなる。牛車と牛荷車の構造上の違いは基本的に屋形の有無だけだ。また、牛車の場合は金物など、乗車する人の身分に応じてさまざまな装飾品が取りつく。

図13　『輿車図考附図乙』に載せる牛車（今泉定介編『故実叢書』）

牛車の種類

先述したとおり牛車は、最初は女性の乗り物だったが、それが次第に男性へも広がっていく中でさまざまな車種が生まれた。

最高級車は唐車《からぐるま》で太上天皇や皇后、摂政、関白が乗るもの、次は檳榔毛車《びろうげのくるま》という檳榔（東南アジア原産のヤシ科の植物で平安時代には瀬戸内地方などで栽培されていた可能性がある）という植物の葉を裂いて糸状にしたもので車体を編んだ車で、大臣クラスが乗るもの、そして中宮《ちゅうぐう》や東宮《とうぐう》などが乗る車体全体が色糸で覆われた糸毛車《いとげくるま》、最も一般に利用された檜皮《ひわだ》や竹を網代《あじろ》に組んだものを車体に取りつけた網代車の順だ。加えて車体に施す文様により、家柄を示したので、牛車を見ただけで相手の身分や、個人までもが特定できた［図13］。

図14　馬借（『石山寺縁起』模本　東京国立博物館蔵、ColBase　https://colbase.nich.go.jp）

牛車の衰退

　牛車は平安時代の終わりごろまで、貴族の主たる移動手段だった。そのことは、先に見た木曽義仲のエピソードのとおりだが、鎌倉時代には急速に衰退へと向かう。先述したように、鎌倉幕府の有力者は輿を利用したことが知られるが、鎌倉において牛車を利用したという史料は認められない。牛車は、王朝文化が花開くとともに生まれ、その衰退と運命を共にしたという点で、まさに王朝文化の象徴だったといえよう。

　衰退の理由は、武士階級の台頭による貴族の経済的な疲弊があげられるが、一方で牛車を運転する牛飼い童が馬借《ばしゃく》や車《しゃ》借《しゃく》といった輸送業者として自立したため、

図15 「御所参内・聚楽第行幸図屏風」部分（上越市立歴史博物館蔵）

運転手が乏しくなったという見方もある［図14］。室町時代以降、牛車の利用は従五位以上の官位を持つ者とされていたようだが、武士階級で牛車を利用したのは将軍家のみであり、また貴族階級も先に見たように応仁の乱以降は牛車を保有できなくなっていった。

そうした中、天正一六年（一五八八）四月一四日の後陽成《ごようぜい》天皇の聚楽第《じゅらくてい》行幸に際して、豊臣秀吉は牛車を新調した［図15］。それを機に牛車が復活し、秀吉に加え一部の公家も利用するようになったが、さほど広がりを見せなかった。徳川家康も、慶長八年（一六〇三）二月一二日の将軍宣下の際に牛車で参内し、以後、秀忠、家光も同様に牛車で参内して将軍宣下を受けている。これらの例は新たな天下人の誕生に伴う一大デモンストレーションとして、古い権威である牛車を持ち出したと考えられる。

しかし、将軍宣下のために上洛したのは家光が最後で、以後、儀式そのものがおこなわれなくなったため、復活した牛車もすぐに姿を消した。牛車の衰退は、人が乗る車の衰退でもあり、その後、明治の馬車や人力車誕生まで日本では乗用の車は生まれなかった。

3　江戸時代の乗り物——乗物と駕籠

二種類の乗り物——身分か？　搬送か？

ここまで何度か「日本における乗り物は、身分制度と密接に結びついていた」と述べてきた。読者の中には、これに疑問を感じた方も多いのではないかと思う。それというのも、江戸時代には、庶民でも利用できる駕籠があったからだ。たしかに、江戸時代、都市部や主要街道筋を中心に駕籠が普及しており、身分に関係なく利用することもできた。しかし、実は、駕籠の利用にも江戸時代中ごろには空文化したとはいえ、制限があった。その制限は、駕籠のルーツとも深く関わっていた。まず、そのことについて説明しよう。

承平年間（九三一—三八）に源　順《みなもとのしたごう》が著した日本最古の辞書『和名類聚抄《わみょうるいじゅしょう》』には、車類として「車駕」「輦」「腰輿」などが記されているほかに、刑罰具の中に「篼輿《べんよ》（和名は阿美以太《あみいた》）」という罪人を護送するための竹で編んだ籠の輿が見られる。また中世には、けが人を運ぶ輿があり、編板《あみいた》（あんだ）と呼ばれていた。このように罪を犯し護送される場合や、けがや病気により歩行困難になった場合に、身分とは関係なく利用できる乗り物があった。先に見た宝亀八年（七七七）に佐伯宿禰今毛人が用いたという輿も、病気により歩行困難となったために利用したものであり、身分や特別の許しを得て利用した輿とは多少、性質が異なる。

つまり、日本における乗り物には、身分制度と密接な関わりをもちつつ生まれてきた「身分を象徴する乗り物」と、健康状態などの理由により利用できた「搬送のための乗り物」の二系統があったということになる。そして両者の大きな違いは、大きさや担ぎ手の数もあるだろうが、なによりもその外観にあった。

そして、「搬送のための乗り物」であった篼輿や編板に起源をもつ駕籠が、江戸時代に普及し、利用者層が拡大することによって、乗り物の数が増加していったのだ。

乗り物の利用とルール

江戸時代の移動手段には、徒歩、馬、駕籠と大名などが用いる乗物（一般に大名駕籠などとも呼ばれる身分の高い人が利用するものを「乗物」、編板や車などの乗り物全般を含めて示す場合には「乗り物」と表記する）があった。乗物は自家用車か社用車で、持つ人、乗る人の身分が高いほど立派なものが用いられ、道行く人も乗物を見ればどのくらいの地位の人が乗っているのか大体の見当がつくようになっていた（もちろん、乗物だけでなく行列を組んで移動するので、だれの行列かわかるような仕組みもあったのだが）。それ以外の駕籠は今でいうタクシーだったが、遠距離用、近距離用、山道用などさまざまな種類があった。

駕籠は江戸時代を代表する乗り物だ。明治に入って人力車の普及により、あっという間に姿を消したが、日本独特の移動手段で、戦前には「お猿のかごや」という童謡も生まれるほど、長く人々の記憶に残った乗り物でもあった。しかし、駕籠がいつ成立したかはよくわからない。文献では康応元年（一三八九）成立の『鹿苑院殿厳島詣記《ろくおんいんどのいつくしまもうでのき》』が初出で将軍足利義満が利用したとあるが、義満の身分と時代背景からして輿のことを「駕《かご》」と表記した可能性も指摘されている。

江戸時代に広く普及する駕籠の史料上の初見は、文禄四年（一五九五）に豊臣秀吉が発出した「御掟《おんおきて》」だろう。その第五条は次のとおりだ。

一　乗物御赦免の衆、家康、利家、景勝、輝元、隆景、并《なら》びに古き公家、長老、出世衆、この外大名たりといへども、若年衆は騎馬たるべし。年齢五十以後の衆は、路次一里に及ばば駕籠の儀御免なさるべし、当病においては、これまた駕籠御免の事

これは、「乗物」の利用を家康以下、年寄衆と一部の公家らに限り、たとえ大名でも若年者は騎馬

とすること、また、五〇歳以上の老人が一里以上移動する場合と病人に限り「駕籠」の利用を許すとある。これは、年齢制限や移動距離の制限があるものの、身分に制限されない形での乗り物の利用をはじめて明文化したものだ。

乗物と駕籠とを書き分けていることからすると、この二つは別のものを指していると考えられる（同じとする見方もあるが）。具体的にいえば、乗物とは輿に起源をもつ「身分を象徴する乗り物」のことで、駕籠とは箯輿や編板に起源をもつ「搬送のための乗り物」のことを指していると考えられる。明治三三年（一九〇〇）刊行の関根正直『宮殿調度図解』「駕籠の部」では複数の史料の考証を通じて、駕籠と乗物の違いを次のように述べている。

> 駕籠は徳川時代に至りて多く行はれたる物にして、当時其製の精しきを乗物と称し、粗なるを駕籠と呼び習へり。左れば乗物は家格高き人か、然らずは特に許されたる人の乗るべき物、駕籠は平人の料と定まれり。（中略）乗物は本来板輿より転じたるものにして、其板輿は腰輿であり、之が轅を切り台を取り放ち、一本の轅を其屋形の上の方に差添へて、之を吊るし舁くべく構へしものなりといふ。（中略）駕籠は箯輿《あんだ》より移りし物ならんといふ。

つまり、乗物は輿を起源とするもので、駕籠は刑罰具である「箯輿」を起源とするという見方である。本書でもこの考えに従うが、奈良時代には「輿（輦）籠」のように、「輿」と「籠」の字を合わせて用いる例もある。また、先述した『鹿苑院殿厳島詣記』では、輿を「駕《かご》」と表現したようで両者の区分は必ずしも明瞭でない。一方、『太平記』元弘元年（一三三一）九月の「主上笠置を御没落の事」には、「籠輿《かごこし》」という護送具である「輿」が現れる。いずれにせよ、乗り物には「身分を象徴する乗り物」と「搬送のための乗り物」の二系統が江戸時代以前からあったことは明らかだが、その呼び名の区分はやや曖昧だったようだ。

そのため、伊勢貞丈《さだたけ》が江戸時代後期にまとめた有職故実書『貞丈雑記《ていじょうざつき》』には、両者の起源をいずれも刑罰具に求める見方が示されている。

> 古は、今の乗物駕籠などに貴人（の）乗る事なし。古は、大名其の外御免を受けたる人は輿に乗る。こし御免なき人々は騎馬なり。出家なども、輿にのられぬは馬に乗りたるなり。ある人の云く、今の駕籠などは、中古、旅人などをのせ、又合戦の時、手負をのする（乗せる）為に作り出したる物なりと、古老の物語なり。又云く、今の駕籠乗物などゝ云ふ物は、あんだと云ふ物を後に結構に作りなしたるなり。異本『曾我物語』河津最後の条に「さて有るべきにあらざれば、俄《にわか》にあんだと云ふ物にむなしき屍《かばね》をかきのせて、宿所へこそは帰りけれ云々」。「あんだ」と云ふ物は、旅人を乗する駕籠也。山駕籠といふ物なり。「あんほつ」とも云ふなり。『和名抄』に云く、篼輿（和名アミイタ）とあり。是「あんだ」の字なるべし。アミをアンといひ、イの字を略してアンダと云ふなるべし
>
> （（）は引用者。『故実叢書』）

なお、秀吉の政策は乗り物の利用を一般にも開放したものではなく、これまでけがや病気などのときに自由に利用できた簑輿や編板も含めた、乗り物全体の利用制限であるといえる。その制限は身分と年齢、双方から規定されており、当時、二二歳だった宇喜多秀家は大老の中で唯一、乗物の利用を許可されなかった。

秀吉が作った乗り物の利用ルールは、江戸時代にも踏襲され、慶長二〇年（一六一五）発布の『武家諸法度』では、

雑人、恣《ほしいまま》ニ乗馬スヘカラサル事

と定められた。寛永六年（一六二九）の改定で、

①徳川一門
②国主
③城主
④所領五万石以上
⑤国持ち大名の息子

		国大名	城主	国大名の息	城主及び侍従の嫡子	一門の歴々	医者・陰陽道	50歳以上	病人
元和元年	1615	○				○			
寛永6年	1629	○	5万石以上	○		○	○	○	○
寛永12年	1635	国主城主	1万石以上	○	○	○	○	○	○
天和3年	1683	国主城主	1万石以上	○	○	○		○	
宝永7年	1710	○	凡万石以上	国主の嫡庶子	○			○	
享保2年以降	1717	国主城主	1万石以上	国大名の息	○	○		○	

表4　武家諸法度にみられる乗輿の条件の変遷

⑥城主および侍従以上の嫡子
⑦五〇歳以上の者
⑧医者
⑨陰陽道《おんみょうどう》の者
⑩病人など許可されている者
⑪特別の許可を得た者

に限り乗輿、つまり乗り物を利用することを認めた。①〜⑥は身分、立場、⑦は年齢、⑧⑨は職業、⑩は健康状態、⑪は特例といった具合に、五要件のうちいずれかを満たすものに限るという仕組みだ[表4]。

　また、万石未満の旗本また陪臣のうち年齢四九歳を迎えた者や病気やけがをした者は、「乗物断状《ことわりじょう》」を出すことにより「乗物」の利用が許可された。

　しかし、その後、駕籠の普及の影響もあってか、乗物の利用は厳格化される。延宝九年（一六八一）には、乗物の利用許可手順が厳格化されるとともに、町駕籠の仕様が細かく定められた。後述するように、このころ豪華な駕籠が普及したため、乗物との区別がつかなくなっていたからだと考えられる。

そして、元文二年（一七三七）四月には新たなお触れが出され、⑧～⑩の場合は、乗物ではなく駕籠を利用することとされた。しかも万石未満の旗本また陪臣は、「乗物断状」の代わりに駕籠の利用許可申請が求められるようになった。

このように、乗物と駕籠との違いは、一七世紀前半まではやや曖昧だったように思えるが、延宝九年（一六八二）に、駕籠の利用を細かく定めることにより、両者の見た目の違いを明らかにする試みがなされ、同時に利用区分も次第に明確化されていったことがわかる。これは、人が乗った箱を人が吊り下げて運ぶという、まったく同じ機能を持った乗り物であるにもかかわらず、この二つは異なるものと認識されていたことを示している。

では、その違いを明らかにするために、まずは「乗物」から成り立ちを考えてみたい。

駕籠の利用許可を出した遠山の金さん

東京都江戸東京博物館には、遠山の金さんのモデルとなった遠山金四郎景元が、目付あてに出した駕籠の使用許可願（起請文《きしょうもん》）が残っている。文政八年（一八二五）に三三歳ではじめて西丸小納戸（将軍の日常の細務に従事する職）についた景元は、翌年、痔を発症した。九月に彼が提出した起請文の前書には次のようにある。

私儀、痔疾ニ而馬上計ニ而者難相勤
御座候間、五ヶ月之積り当戌□□より
来亥正月迄、月切駕籠御断申上候、
其内痔疾快、馬上計ニ而可相勤□□候者
此起請文申請、駕籠乗申間敷候、尤
御免之期月過候者、此方より御断可申上候、
右之趣於相背者、

要は痔のため、騎馬での移動が困難なので、治るまでの五カ月間は通勤に、馬ではなく駕籠を利用させてほしいとの願いだ。金四郎の痔は結局、五カ月では治りきらず、駕籠での通勤も文政一〇年一〇月まで延長されることになるのだが、起請文とは、そもそも、申出に嘘偽りないことを神仏に誓うもので、使用許可願の様式には、次の文言が添えられている。

梵天帝釈四天王総日本国中六拾余州
大小神祇殊伊豆箱根両所権現三嶋大明神

八幡大菩薩天満大自在天神部類眷属、
神罰、冥罰各罷蒙者也、仍起請如件

たかが駕籠の利用といっても、たいそうな手続きが必要だったようだ。

乗物の起源――輿から乗物へ

徳川家康の侍医、板坂卜斎《いたざかぼくさい》が記した『慶長記』の、慶長元年（一五九六）に豊臣秀頼が上洛した際の記述に「女房衆つりこし三十一」と見える。釣輿とは「轅でつり下げてかつぐ輿」のことであり、江戸時代後期の国語辞書、『倭訓栞《わくんのしおり》』には、

釣ごしあり。又、半切《はんぎり》とも称す。もと、宮家のめしつかはる、婦女の乗物也。今公卿婦人とても之にめす也。

とある。ここには婦女の乗り物とあるが、慶長一四年（一六〇九）八月五日に前田利長《としなが》が側近の松平康定《やすさだ》と神尾《かみお》之直《ゆきなお》に宛てて出した書状には、魚津から高岡へ移転するにあたり、「釣り輿に輿舁《こしか》きを添えて借りたい」（前田育徳会　尊経閣文庫《そんけいかくぶんこ》所蔵）とある。このころには、北陸にも釣輿があったことを

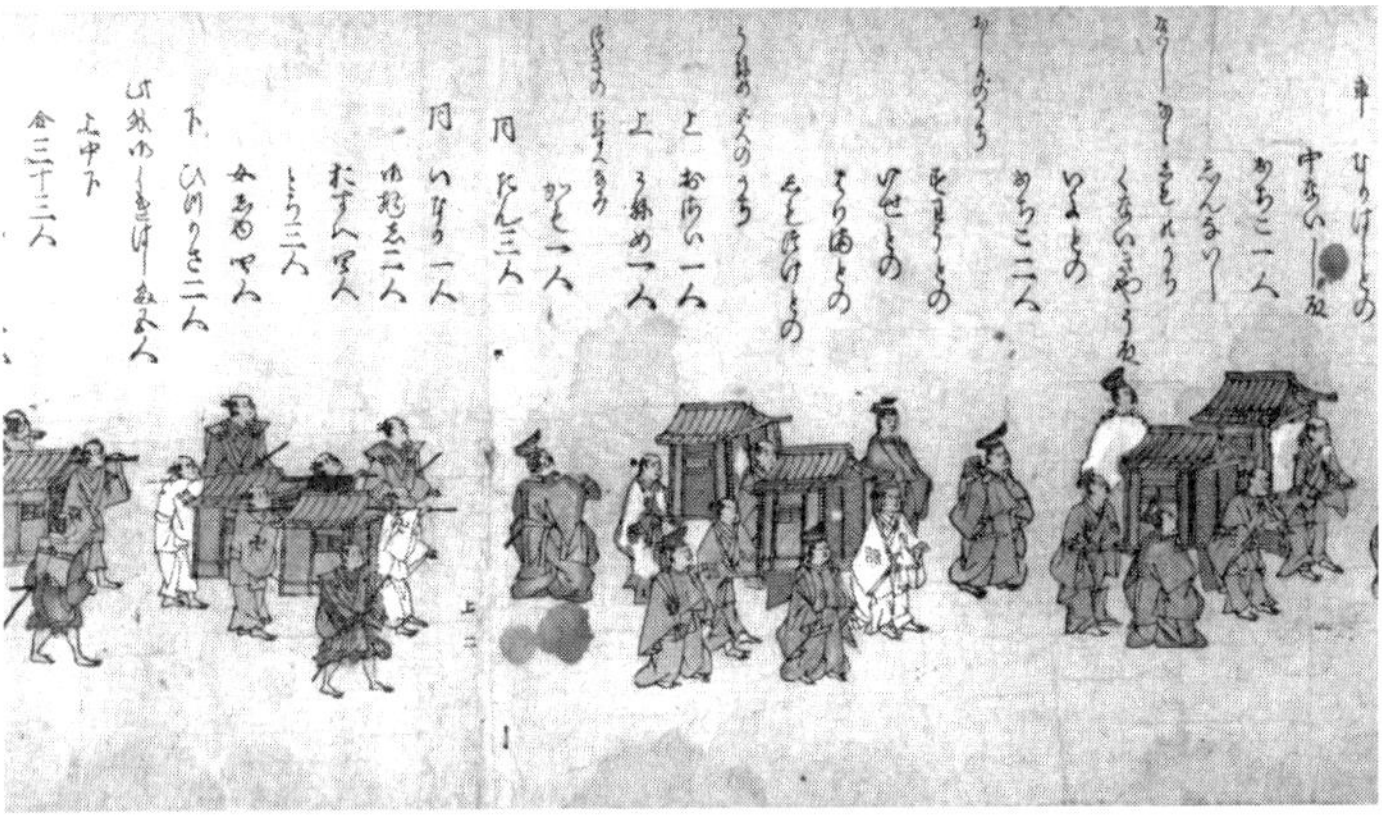

図16　『寛永行幸記』に描かれた輿（京都大学図書館蔵）

示す。おそらく利長本人が利用したのであろうが、利長クラスの大名でも、釣輿を保有していなかったことがわかる。

寛永三年（一六二六）の徳川秀忠、家光の二条城行幸について以心崇伝《いしんすうでん》が記した『寛永行幸記』には、中宮のお供の女中たちが、長柄《ながえ》七〇丁、釣輿八五丁、包輿《ほうよ》六九丁、女院のお供の女中たちは、長柄三五丁、釣輿四七丁、包輿二五丁、禁中奥女中は長柄四七丁、釣輿五七丁、包輿三六丁に乗って移動したとある。長柄とは、長い一本の柄を有する駕籠と同様の形態の乗り物のことで、それが輿よりも上位に位置づけられていることが注目される。

一方、『寛永行幸記』を参考に描かれたと考えられる同名の絵巻には、切妻屋根の屋形を持った腰輿と、それと同様の形態の屋形を持つものの、屋根の部分に一本の轅を通し吊り下げるタイプの乗り物が描かれている（駕籠や乗物は、屋形の左右いずれかに出入口があるのに対し、ここに描かれた釣輿は、輿と同様、前後に出入口がある）［図16］。

これとよく似た乗り物は、豊臣秀吉が慶長三年（一五九八）三月一五日に催した醍醐の花見を描いた重要文化財「醍醐花見図」（紙本著色、国立歴史民俗博物館蔵）にも見られる。秀吉と北の政所のすぐ近くに描かれた乗り物は、秀吉か北政所が乗った釣輿と考えられる（ただし、『寛永行幸記』のものとは異なり、屋形の右手に出入口らしきものが描かれている）。これらのことから、江戸時代に「乗物」と呼ばれたものは、もともとは輿であり、屋形の屋根に轅を通すことによって吊り下げるタイプに改造したものと考えられる。その起源が身分により利用が規制されていた輿にあることとなる。つまり、「乗物」も身分制度と密接に結びついていたといえる。

事実、江戸時代の大名の乗物は、安永五年（一七七六）に、家格により五段階とされ、それぞれ出入口の形状（茣蓙《ござ》を上に揚げて出入りするものが引き戸よりも上位）や網代の有無（下部に網代があるものが上位）により、違いが示されていた。このほかにも、女性用の乗物など利用できる身分に応じたいくつかの乗物があり、また乗物のルーツであったと考えられる釣輿も、婚礼などに用いられる駕籠とは別の乗物として利用されていたようだ。

駕籠の起源――箯輿から駕籠へ

駕籠の「駕」とは、乗る、乗り物の意で、「籠」は竹などで編んで作った入れ物の意味だ。つまり、駕籠の語源は編んで作った乗り物のことで、その起源は『和名類聚抄』に見える刑罰具「箯輿《あみいた》」にあると思われる。「箯」は「たけごし」とも読み、怪我《けが》人や罪人などを乗せて運ぶ粗末な手輿のことを指す。素材の性質と利用目的からして、人が乗る部分を担ぎ上げるよりも吊るすほうが適していたと

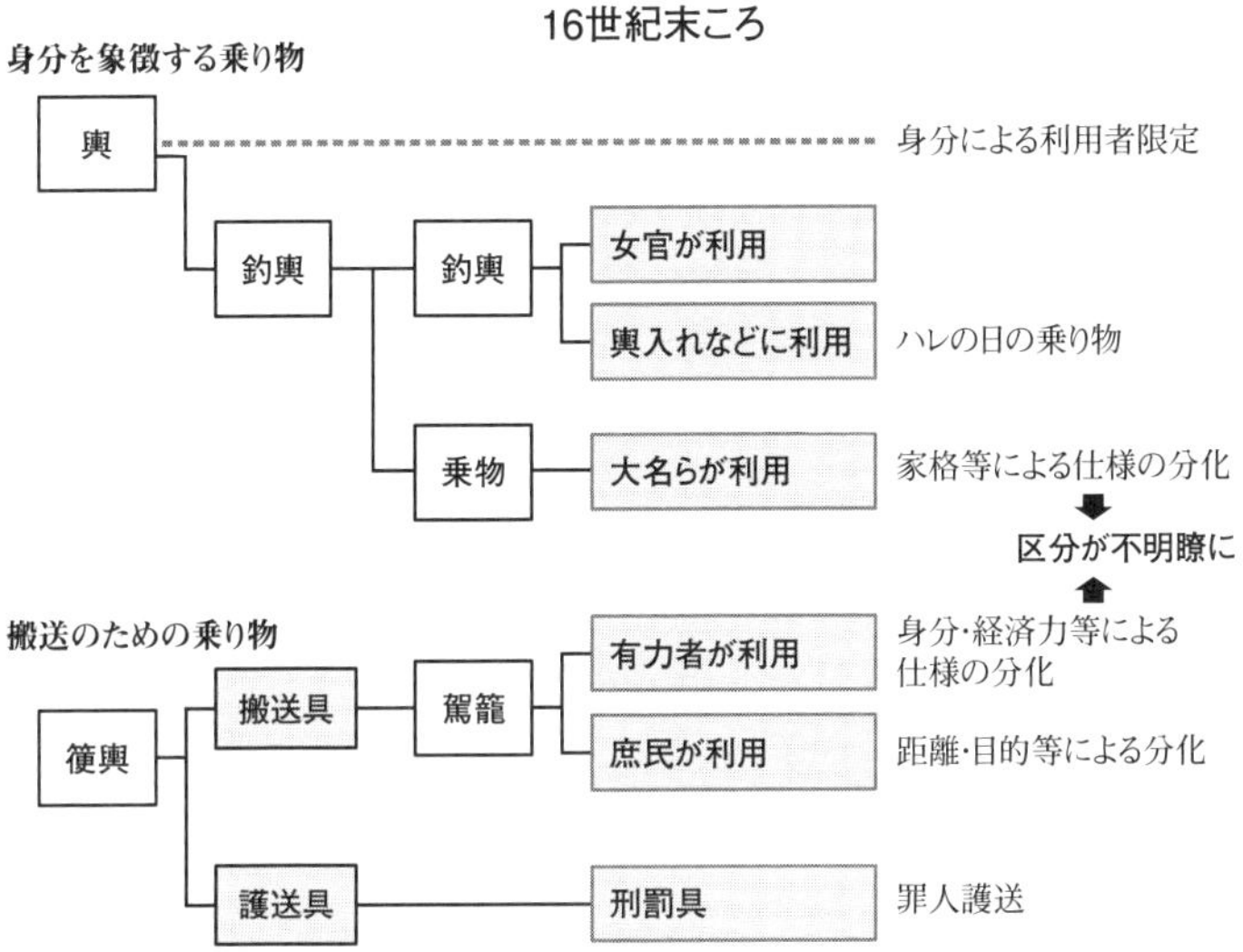

図17　乗物と駕籠の成り立ちと関係

考えられる。

　寛永六年（一六二九）の『武家諸法度』の改定により、五〇歳以上の者、医者、陰陽道の者、病人らの利用が許可された乗り物とは、伊勢貞丈がいうように篗輿に起源をもつ「駕籠」のことを指すと考えられる。しかし、そもそも『武家諸法度』の規定は「身分を象徴する乗り物」と「搬送のための乗り物」の利用規定を一つの法令で処理していることに問題があり、たとえば、五〇歳以上の庶民や医者が乗物を利用できるのに、万石未満の旗本や各藩の家老クラスの有力武士などは、五〇歳未満で健康なときは「特別の許可を得」なければ利用できないとされていた。

　こうした矛盾を解消するために、幕府はたびたび、お触れを出すのだが、その基本方針が乗り物の利用の厳格化にあったため、「乗物」を利用できる者は、より限定され、例外的に使用を認める場合も「駕籠」を利用させることとした。その結果、駕籠の利用者が庶民から、万石未満の旗本や有力な陪臣など、さまざまな身分・地位の人々に広がった［図17］。乗り物が身分を象徴するという伝統的な考え方からして、当然、五〇歳以上の庶民と富裕な者たちが、同じような駕籠を利用するのは、受け入れがたかったと考えられる。そのような背景もあり、「搬送のための乗り物」であったはずの駕籠も時代を経るごとに、精粗さまざまな形態のものが生まれ、乗物との区別が曖昧になっていった。

富裕な商人などは、法仙寺《ほうせんじ》駕籠《かご》と呼ばれる四方板張りで、左右と前方にすだれ窓を設け、窓枠などの木部は漆を通して木目の美しさが見える春慶塗《しゅんけいぬり》か黒塗りとするなど、豪華な駕籠を用いていた。このほかにも駕籠には、あんぽつ駕籠、四つ手駕籠、山駕籠などたくさんの種類が生まれ、江戸時代特有の乗り物文化を形作っていた。

ケンペルが見た駕籠と乗物

第1章で見たように、江戸時代に日本を訪れた外国人の中には、克明な見聞録を残した者もいる。ここでは、その中に描かれた乗り物について紹介しよう。

それ以外（馬のこと）に旅行中乗ってゆくものに、一種の担い椅子あるいは担架で、駕籠（Cangos）というものがある。旅行するには立派な方法に違いないが、これを使うとたくさんの費用がかかる。（中略）しかし、駕籠と言っても身分の高い人と下々の者の間には、はっきりとした相違がある。というのは一方は立派で贅沢な構造で特に乗物（Norimons）と呼ばれるが、もう一方は見た目も粗末で駕籠と呼ばれるからである。すべての国民にあって言語を支配するものは民衆である。彼らはこれらの異なった名称をはっきりと決めているが、物そのものは実際に何ら変わりはない。乗物は本来、椅子のことをいい、駕籠は担い籠のことである。両者は造りもさまざまで、それを担ぐ木の棒以外には、粗末な駕籠を立派で長い乗物と区別することはできない。駕籠についている担い棒は悪く粗末で小さいが、乗物のは大きく立派であるばかりではなく、見かけよりずっと軽い。その柄は四枚の薄い板でできていて、細く上の方に弓なりに高くそっていて、その四枚を組合わせて堅い角材の形にしてある。この柄と高さと長さは、幕府の法規により身分によって各人に定められている。それゆえ人々はその高さなどで同時に大名とか、あるいはそれ以外の身分の高い人の位を知ることができる。実際以上に思われたい者は、時に担い棒を分不相応に高目に作らせるが、そういう者は冷たく扱われることが多く、使用を禁止されて恥をかかねばならないのである（またそれと同時に高い罰金を支払わなければならない）。

（傍線は引用者。エンゲルベルト・ケンペル、斎藤信訳『江戸参府旅行日記』）

ケンペルの記録は一六九一年のことであり、これとほぼ同じ話をその約一七〇年後の一八六三年にアンベールも記している。駕籠と乗物と違いは、日本人は区分しているものの、外国人の彼らからすれば、輸送方法と基本構造が同じ乗り物をあえて呼び分けることに違和感をもったようだ。なお、オールコックは四人で担ぐものを「乗物」、二人の場合は「駕籠」と区別しているが、乗物での移動は、たいそう窮屈だったようで、野獣を檻に入れて運ぶのとそっくりだと記している。ただ、より粗末で二人で担ぐ駕籠に比してまだましだと自らを慰めている。

描かれた乗り物――乗物と駕籠の登場

江戸時代の元和初年（一六一五）ごろに成立したとされる『洛中洛外図屛風』舟木本には、牛車や輿とともに複数の乗物か駕籠（左隻一六挺、右隻五挺）が描かれ［図18］、寛永三年（一六二六）以降の作と考えられる佛教大学所蔵本にも右隻、左隻あわせて三挺、描かれている［図19］。これ以外にも、東京富士美術館所蔵品の江戸時代初期のものに一挺、堺市博物館所蔵の江戸時代初期かその直前に描かれたと考えられるものに三挺、描かれている。このことから、江戸時代の初めには京都にも吊り下げ式の乗り物が普及していたことがわかる。

しかし、大永五年（一五二五）成立と考えられる歴博甲本には、左隻に輿が一挺、牛車が一台、右隻に牛車が一台、牛荷車が二台認められるだけだ。永禄八年（一五六五）前後の成立と考えられる上杉本では、右隻に輿が二挺、牛荷車が一台、左隻に輿が四挺確認されるが、乗物や駕籠は見当たらない。つまり、江戸時代以前に見える乗り物は、貴族の乗り物である牛車と輿で、それに加えて運搬用の牛荷車、牛馬が見えるだけで、ほとんどの往来は徒歩だったことがわかる。

上：図18　舟木本『洛中洛外図屏風』に描かれた乗り物。供の数からして大名が乗る乗物とみてよいだろう。（東京国立博物館蔵、ColBase　https://colbase.nich.go.jp）
下：図19　佛教大学蔵『洛中洛外図屏風』に描かれた駕籠。本作は二条城天守の完成にともなっておこなわれた後水尾天皇行幸の様子を描いたものと考えられ、行幸に用いられた鳳輦と牛車以外の乗り物はあまり描かれていない（佛教大学附属図書館蔵、https://bird.bukkyo-u.ac.jp/collections/）

駕籠の普及

先にも触れたが、駕籠の起源が箯輿にあったことを具体的に示すのは、慶安元年（一六四八）二月に出された江戸《えど》町触《まちぶれ》（江戸町奉行が、奉行の権限で江戸の町中に発したお触れ）だ。そこでは、次のように「あんだ」（箯輿）を簡素にせよと命じている。

　箯《あんだ》之事、天井なし棒を突とをしニいたし、いかにもそゝうに可仕事
（近世史料研究会編『正宝事録』第一巻、一九六四年）

そして、先述したとおり、延宝九年（一六八一）には、長さは三尺三寸五分（一〇一・五センチ）、横下二尺四寸（七二・七センチ）、上一尺八寸五分（五六・一センチ）から、棒長、一丈（三〇三センチ）といった具合に、一七項目にも及ぶ駕籠の詳細な仕様が定められ、これ以外のものの製作が禁じられた。つまり、乗物と駕籠の違いをひと目でわかるようにしようとしたのだ。

にもかかわらず、元文二年（一七三七）四月には、次のようなお触れも出されている。

　右駕籠之儀、見分共乗物ニ紛不申候《もうさずそうろう》様可致候《よういたすべくそうろう》、尤《もっとも》駕籠之者衣類紋付不申《もうさず》、無紋ニいたし、對之衣類着せ候儀可為無用候《むようたるべくそうろう》
（『憲教類典』三之三六）

これは、乗物と駕籠の識別をするため駕籠かきの衣類は無紋とするよう命じたもので、先のような詳細な取り決めがなされつつも、駕籠と乗物の見た目の違いが曖昧になってきたことがわかる。

繰り返しになるが、駕籠は大名らが乗る「乗物」とは、制度上は別物で、あくまでも「搬送のための乗り物」だった。駕籠はそうした性質上、利用規制の枠を超え町人の間にも普及するとともに、「乗物」の利用が認められない有力者（富裕層）の利用への対応として多様化した。つまり、駕籠は「身分の壁を超え広く普及した最初の乗り物」ということができよう。

ただ、社会秩序を守る立場にある為政者からすれば、乗り物の利用の無制限の拡大や、華美・荘厳化は許容できるものではなかったようだ。

寛永二年（一六二五）には、次のようなお触れが出されている。

寛永二年閏四月
かし駕籠に乗候もの、極老《ごくろう》或《あるいは》病人女子児、此外は停止之《ちょうじの》旨度々相触《むねたびたびあいふれ》候処《ところ》、鑓《やり》をもたせ候者、又ハ年若なる者など、病気之様ニ申なし、晴天之節桐油《きりあぶら》をおろし乗候者有之《これあり》由相聞、不届候、向後見合次第駕籠かき召捕、家主迄越度《おちど》に可申付《もうしつくべき》候間、此旨急度《きっと》可相触《あいふれるべし》候以上、

（高柳真三・石井良助共編『御触書集成』第一御触書寛保集成）

借駕籠を利用できるのは、老人、病人、女性、子供だけなのに、年若い男が病気のふりをして、晴れた日に油紙を降ろして乗っていると聞き及んでいる。そうした者を見つけ次第、乗車させた駕籠かきを召し捕らえるだけでなく、駕籠屋の落ち度とする、とある。たとえ駕籠であっても、特別な理由がない限り使用を認めないという幕府の姿勢が見られるのだが、その後も、駕籠の利用制限や禁止、違法利用の取り締まりに関するお触れが頻繁に出されているところからすると、違法利用は後を絶たなかったらしい。

また、江戸市中の駕籠の台数制限もおこなわれていた。正徳元年（一七一一）には、六百挺に制限され、正徳三年には三〇〇挺に半減される。

享保一一年（一七二六）、同一二年には、老人、病人、女、子供に限り利用を認めるという建前のもと、数の制限が撤廃されるが、喜田川守貞《きたがわもりさだ》が江戸時代後期の都市の風俗などを記した『守貞謾稿《まんこう》』によると、仮病を使って駕籠を利用する者も多かったという。そして、元文五年（一七四〇）二月、寛保三年（一七四三）一〇月には、こうした違法利用を取り締まるお触れが出されている。しかし、その後は駕籠の利用に関する禁令がほぼ姿を消していることからすると、一八世紀中ごろ以降は、違法利用も次第に黙認されるようになり、暗黙のうちに乗り物の自由化が行われたのだろう。

4　荷車の話

古代の車

車の話に移ろう。日本において、車の存在を想像させる最初の記事は、『日本書紀』履中五年一〇月一一日条だ。ここには車持君《くるまもちのきみ》の名が見える。平安時代前期に編纂された諸氏の出自を記した『新選《しんせん》姓氏録《しょうじろく》』には、車持氏は雄略天皇の時代に乗輿を供進したことにより、「車持公」の姓を賜ったとある。それ以後、車持君は天皇の乗輿を管理した職掌にあったというが、車持氏と車との関係を示すような記事は『日本書紀』をはじめとする正史には見えない。また、この記事以降、車そのものを指す記事が、履中《りちゅう》紀、雄略《ゆうりゃく》紀、清寧《せいねい》紀に見えるが、たとえば清寧三年正月元日条に見える「青蓋車《せいがいしゃ》」のように、いずれも記述そのものが中国の典籍の引用で、車が日本で使われたことを示すものではないと思われる。

車の存在を示す記事は、大化二年（六四六）三月二二日条のいわゆる「大化の薄葬令」で、そこには「塗車《くるまかた》」（泥で作った車）や、「轜車《きくるま》」（葬儀に用いる車）が見える。いずれも葬儀の道具だが、大化

図20　奈良県桜井市小立古墳出土車輪（桜井市教育委員会蔵）

以前には車が存在していたようだ。

発掘調査で出土した最古の車輪は、奈良県桜井市小立《こだち》古墳出土の七世紀後半のものだ［図20］。この車輪はアカガシという硬質の木材を組み合わせて作ったもので、「輪木《りんぎ》」のほぼ半分とスポーク三本、車輪止めが当時の構造を留めたまま出土した。輪木の幅は約九センチ、厚さ約三・七センチ、スポークの長さ約四〇センチで、車輪の復元径は約一一〇センチ。輪木に空けられた穴にスポークの「ほぞ」をはめ、内周の輪木で補強するという構造で、これは中世の絵巻物にある車輪の絵や現代の山車《だし》の車輪にも共通する。

ただ、奈良時代以前の車輪の出土は現時点ではこの一例のみで、また、発掘調査で轍の痕跡が確認されるようになるのは、奈良時代ごろからである。しかも都城など限られた場所でしか見つからないことからすると、車の利用は都とその周辺の限られた範囲だったと考えられる。

奈良時代に入ると、車は平城京とその周辺を中心に次第に普及する。長屋王邸跡から出土した木簡の中には、車による輸送を示すものがいくつか認められる。特に次の二つの木簡は、車を所有し、輸送を請け負う人物（車長・車借《しゃしゃく》人）の存在を示すものだ。

（表）百済郡南里車長百済部若末呂車三転米十二斛上二石中十石

（裏）〇元年十月十三日田辺広国八木造意弥万呂

（表）車借人六口米三升受小櫟

（裏）十一月廿二日広嶋〇家令

このほかにも、平城京からは車の利用を示す木簡が複数見つかっている。平城京左京二条二坊五坪二条大路濠状遺構からは、

（表）右佐貴瓦山司　進上瓦一千二百枚男瓦六百枚女瓦六百枚　載車九両　男瓦両別百五十枚女瓦両別百廿枚

（裏）　上丁山下知麻呂〇天平七年十一月卅日史生卜「長福」〈　〉

と記された木簡が出土した。平城山《ならやま》に置かれた瓦窯を管理する佐貴瓦山司《さきのかわらやまのつかさ》が、天平七年（七三五）に瓦を一二〇〇枚（男瓦《おがわら》六〇〇枚、女《め》瓦六〇〇枚）車に積載して進上したというもので、男瓦（丸瓦）

は一両の車に一五〇枚、女瓦（平瓦）は一両に一二〇枚、積載して運搬したと記されている。当時の車の構造を考えるヒントとなる史料だ。

『正倉院文書』には車を利用した物資運搬の記事がいくつか認められる。車の利用範囲は平城京東西市を中心とした京内、物資の生産地または集積地としての京周辺、造東大寺司山作所《さんさくしょ》（東大寺の造営や修理などに用いる木材を伐採・製材する作業事務所）とに分けられるという。

また、寺社が独自に車の製作をおこなっていたことを示す史料もある。『正倉院文書』「造金堂所解《ぞうこんどうじょげ》案《あん》」（天平宝字四年〈七六二〉カ）には、造金堂所が古い車を売却するとともに、牛車（牛荷車のこと）、小車や車の部品などを購入していることが知られる。さらに、天平一八年（七四六）七月一一日「近江国司解《おうみのこくしげ》」には、車匠《くるまのたくみ》、持麻呂という三九歳の奴婢《ぬひ》が現れる。おそらく、車の製作や修理の技能をもった人物と考えられる。ちなみに、持麻呂は稲一千四百束で近江国から東大寺へ売られているが、その価格はともに売られた若い奴婢よりも高い。これらの記事からは、東大寺などの有力寺院が複数の車を所有するとともに、その製造、修理工場をもち、技術者も有していたことがわかる。

このように、平城京では輸送のための車がある程度、普及していた。しかし、延暦三年（七八四）に平城京から遷都した長岡京では、その造営に伴うと考えられる轍の跡、牛の蹄《ひづめ》跡、人の足跡が複数確認されているのに対し［図21］、平城京では現在まで、そのような痕跡は確認されておらず、轍と考えられる痕跡も左京三坊付近の三条大路など一部の条坊道路でわずかに認められているにすぎない。奈良時代の生活面が後世に削り取られていることも轍や足跡が見つからない理由と考えられるが、平

図21　長岡京の轍跡（公益財団法人京都府埋蔵文化財調査研究センター提供）

城京の造営にあたって、車や畜力は、さほど用いられていなかった可能性がある。その理由は、次のとおりだ。

①『万葉集』巻一－七九の歌からは平城京への遷都のときに水運を利用したことがうかがわれる。それとともに、飛鳥から平城京までを結ぶ直線道路、下ツ道東側溝は幅が六～一二メートルあり、運河として利用されたこと

②平城京の造営に当たって、佐保川、秋篠川をはじめとする複数の河川の付け替えと、水路としての機能をもった東西堀河と条坊道路の側溝が整備されたが、これは河川から側溝へ水を引き入れて京内の物資の輸送に利用しようとした痕跡と考えられること

これらから私は、平城京の造営や遷都にあたっては車を使った運搬より水運が重視されていたと考えている。

車が運ぶ量と人が運ぶ量

『延喜式』「木工式」には、車の積載量に関する記載がある。それには、

旧材（建物を解体して二次的に使用する部材）は積三万寸、雑の材は積二万七千寸、榲榑《すぎのくれ》（建築材として用いられる板）は十六村（建築材に用いられる単位）、瓪瓦《め（はん）がわら》は一百二十枚、筒瓦は一百四十枚、鐙《あぶみ》瓦は八十枚、宇《のき》瓦は六十枚、大坂の石は積七千九百二十寸、讃岐の石は積六千三百寸、白土は三石三斗、藁《わら》は五十囲、四尺の檜皮は十二囲、三尺の檜皮は十八囲、各一両に載せよ（駄は三分の二を減ぜよ）。

とあり、瓦の量は、先に見た二条大路濠状遺構の木簡の記載とほぼ一致している。また、「木工式」には人が担ぐ場合の量の記載もある。

巨材は積一千四百寸以上一千六百寸以下、雑の材は積三千二百寸以下二千六百寸以上、瓪瓦は十二枚、筒瓦は十六枚、鐙瓦は九枚、宇瓦は七枚、白土・赤土は各三斗、沙は二斗五升、みな一担となせ。もし積に准《なずら》うべくは、大六十斤を一担となせ。

		物品	車	馬	人
延喜式	木工式	瓪瓦	120枚	車の1/3	12枚
		筒瓦	140枚	車の1/3	16枚
		鐙瓦	80枚	車の1/3	9枚
		宇瓦	60枚	車の1/3	7枚
		その他			大斤60斤
	主税式	銅		100斤	
		鉄		30廷	
	雑式	米		3俵（15斗）	5斗
続紀	天平11年	米		大斤150斤	
	延暦8年	糒			5斗
三代格 弘仁13年		米		2斛（10万斛/駄馬 5万匹）	
但馬国正税帳 天平9年		醬大豆		1斛（10斗）	5斗
造石山院所解案 天平宝字5年		架（長1丈6尺 方3寸）	15～16枚		1枝
木簡	長屋王木簡	米		2斛	
			4斛（12斛/3台）		
	二条大路木簡	女瓦（瓪瓦）	120枚		
		男瓦（筒瓦）	140枚		

表5　古代の輸送量

これによれば、大斤の一斤は六七〇グラム前後なので、人が一度に担ぐ荷物の重さは約四〇キロ。ただし、運搬できる量は重量だけでなく、運ぶものの形状にも左右され、たとえば平瓦は一枚二・六キロ程度（平城宮第一次大極殿地区の例による）なので、一人一回あたり三二キロ程度となる。

なお、延暦八年（七八九）におこなわれた紀古佐美《こさみ》による蝦夷《えみし》征討には、兵糧の輸送の実態を知ることができる記事がある。それによると、蝦夷戦争における戦地での兵站《へいたん》は、人が担いで運ぶことを基本とし、一人当たり糒《ほしいい》五斗（重さに換算すると約三二キロ）で、一日当たりの移動距離は一四キロ程度と推定される［表5］。

牛馬が群れる都大路

近代以前の日本の車には、人が曳《ひ》くものと牛が曳くものとがあった。車の普及とそれを用いた運搬を考えるうえでは、その動力となった牛についても触れておく必要があろう。実は、古代の都には、たくさんの牛がいて、都のメインストリートである朱雀大路にも牛がウロウロとしていたらしい。

先述したように、平安時代には牛車が貴族の乗り物として定着するとともに、馬とともに牛が運搬のために用いられていた。ただ、馬が直接その背に人や荷物を載せるのに対し、牛には、車を曳かせ、人や荷を運んだようだ。そこに牛と馬との大きな違いがある。

牛は、どうやら馬よりも早くから日本列島にいたようだ。沖縄県伊江村の阿良《あら》貝塚からは、弥生時代の土層から小型の牛の骨が出土しているといい、長崎県福江市の大浜遺跡からも同時期の牛骨が出土したという。古墳時代では奈良県御所《ごせ》市南郷遺跡から五世紀の牛の骨が出土しており、牛の埴輪は兵庫県朝来《あさご》市船宮古墳、奈良県田原本《たわらもと》町羽子田《はごた》遺跡〔図22〕などから出土している。また、古墳時代後期には唐鋤《からすき》が出土するようになるなど、馬とともに牛に曳かせて田畑を耕すことが広がっていたことが知られる。

『律令』では、牛は、乳を利用することに目的が置かれていた。「厩牧令《くもく》」には、其れ乳牛には、豆二升、稲二把給《たま》へ。乳取らむ日に給へ。

という規定がある。また、長屋王邸木簡の中にも、

牛乳持参人米七合五勺受丙万呂九月十五日　大嶋書吏

図22　牛の埴輪（奈良県田原本町羽子田１号墳出土、田原本町教育委員会蔵）

があるなど、搾乳が牛を飼育する目的だったことがわかる。

　しかし実際には、牛の主たる利用目的は運搬と耕作にあった。『日本霊異記』には死後、牛に変身、転生した人の話がいくつか見られ、前世の罪により過酷な労働に日々従事するという話が多い。たとえば、上巻第二〇は「僧の湯を涌《わか》す薪を用《も》ちて他《ひと》に与へ、牛と作《な》りて役《つか》はれ、奇《あや》しき表《しるし》を示しし縁」という、牛に生まれ変わった人間が、車を肢体にかけられ、日々、寺の風呂を沸かすために用いる薪を運んだという話だ。このような話が多く収録されていることから、寺院の経済基盤だった寺田《じでん》（寺が所有する田）の耕作など当時の寺院経営において、牛は不可欠かつ、最も身近な労働力だった

とする説がある。

事実、『続日本紀』霊亀二年（七一六）五月一五日条に見える、元正天皇が荒廃した寺院を併合せよと命じた、いわゆる「寺院併合令」には、

> 或いは房舎《ぼうしゃ》脩《おさ》めずして、馬牛《めご》群聚《ぐんしゅ》し、門庭荒廃して、荊棘 弥《いよいよ》生《お》ふ

とあるように、荒廃した寺院に馬や牛が群れ集まっていたことがわかる。これらの牛馬は、もともとは寺の労働力として飼育されていたものが、放置されたのだろう。また、神護景雲元年（七六七）六月二二日条には、土佐国安芸郡少 領《しょうりょう》（郡役所における大領《たいりょう》に次ぐ地位の役人）外従六位下 凡 直《おおしのあたい》伊賀《いが》麻呂《まろ》が、稲二万束と牛六〇頭を西大寺に献上したので外従五位上の位を授けられている。これらの史料も寺院が多数の牛を所有していたことの傍証となろう。

『延喜式』「左右京式」には、次の規定が見える。

> 凡そ朱雀大路に放ち飼いし馬牛は、繋《つな》ぎて職中の雑事《ぞうじ》に充《あ》てよ。その主の来るに随いて、すなわち決罰を加えて放ち免《ゆる》せ。

このような命令が出されていることからすると、平安京の朱雀大路周辺には、多数の牛馬が放し飼

いにされていたようだ。これらは都の内外で運搬にあたる牛馬や、官人らの乗る馬と考えられる。

牛により多くの荷を運ばせるためには、車を曳かせることが最も効果的だった。藤原宮西面南門推定地の南側でおこなわれた発掘調査では、藤原宮期の土坑《どこう》から横幅八三センチの軛《くびき》（車の轅の先につけ、牛馬の首にあてる横木）が出土している。これは藤原宮造営にあたり牛荷車が利用されていたことを示している。また、高知県南国市介良《けら》遺跡からは六世紀後半から七世紀のものと考えられる軛が、福岡県行橋市延永《のぶなが》ヤヨミ園《その》遺跡からは古墳時代後期から古代の間の軛が出土している。このことから、七世紀には都周辺だけでなく、西日本の広い範囲で牛荷車が用いられていたか、牛を用いた耕作や開墾がおこなわれていた可能性がある。

このように、牛荷車は遅くとも七世紀には成立し、奈良時代を通じて次第にその利用が拡大し、平安時代には牛車の普及もあり、都大路でも牛をよく見かけるほど、牛や車輛の数が増えていったことがわかる。

なお、飛鳥池木簡には「此者牛価在」と書かれたものがある。「これは牛の価なり」と読むことができ、これから購入する牛の値段、牛を売却して得た収益、牛を使って物を運んだ際の運賃、のいずれかを示すと考えられている。

牛肉を食べる

一般に日本には江戸時代まで、獣肉を食する習慣がなかったとされるが、『日本書紀』には、それがおこなわれていたことを示す記事がある。天武四年（六七五）四月一七日条がそれだ。

諸国《もろもろのくに》に詔して曰はく、「今より以後《のち》、諸の漁猟者《すなどりかりするひと》を制《いさ》めて、檻穽《おりしあな》（檻と落し穴）を造り、機槍《ふみはなち》（機械仕掛けの槍）の等《ごと》き類を施《お》くこと莫《まな》（禁止する）。亦《また》四月の朔《ついたちのひ》より以後、九月三十日より以前《さき》に、比弥沙伎理《ひみさきり》・梁《やな》（小魚まで捕れる隙間の狭い簗《やな》のことか）を置くこと莫。且《また》牛・馬・犬・猿・鶏の宍《しし》（獣肉）を食《くら》ふこと莫。以外《そのほか》は禁《いさめ》の例《かぎり》に在らず。若《も》し犯すこと有らば罪せむ」と。

これは、天武天皇が牛、馬、犬、猿、鶏の肉を食べることなどを禁止した記事だ。また、皇極元年（六四二）七月二五日条には、

群臣《まえつきみ》相語りて曰はく、「村々の祝部《はふりべ》の所教《おしえ》の随《まま》に、或いは牛馬を殺して、諸《もろもろ》の社《やしろ》の神を祭《いの》る。

とあるように、牛馬を殺し神に捧げる儀礼があったことも知られている。これは中国式の雨乞いの儀式であり、このときは効果がなかったと述べられている。『続日本紀』延暦一〇年（七九一）九月一六日条には、牛を殺し、漢神を祭ることを禁じたとあるが、これはこの時期、民間に広がりつつあった怨霊《おんりょう》思想への対策であったとの指摘がある。牛馬を殺し神に捧げるという信仰は、中国に起源をもつもので、私的にこれを行うことは禁止されたのだが、次章で述べるように、道饗祭《みちあえのまつり》をはじめとする衢《ちまた》（境界）の祭祀など、国家の正式な祭祀の中では、祭物に牛・熊・鹿などの動物の皮が用いられる。このように、動物を生贄《いけにえ》にして疫病神などを祓《はら》うという中国の思想が実際に受け入れられていることがわかる。

なお、『日本霊異記』中巻第二四縁によると、鬼は閻魔《えんま》大王の使いで、その悪気で人を病気にすること、そして牛肉が好物とあり、仏教説話の中からも平安時代にはこうした思想が定着していたことがわかる。

古代、車はどの範囲で利用されたのか

文献史料に見える車の利用は、平城京や平安京などの都市とその周辺とに限定されており、遠距離移動に車が利用された形跡は、ほとんど認められない。しかし、古代は都と地方との往来が活発で、毎年、秋の収穫後には、ほぼ全国から都へ食糧やさまざまな物資が税として運搬されていた。また、

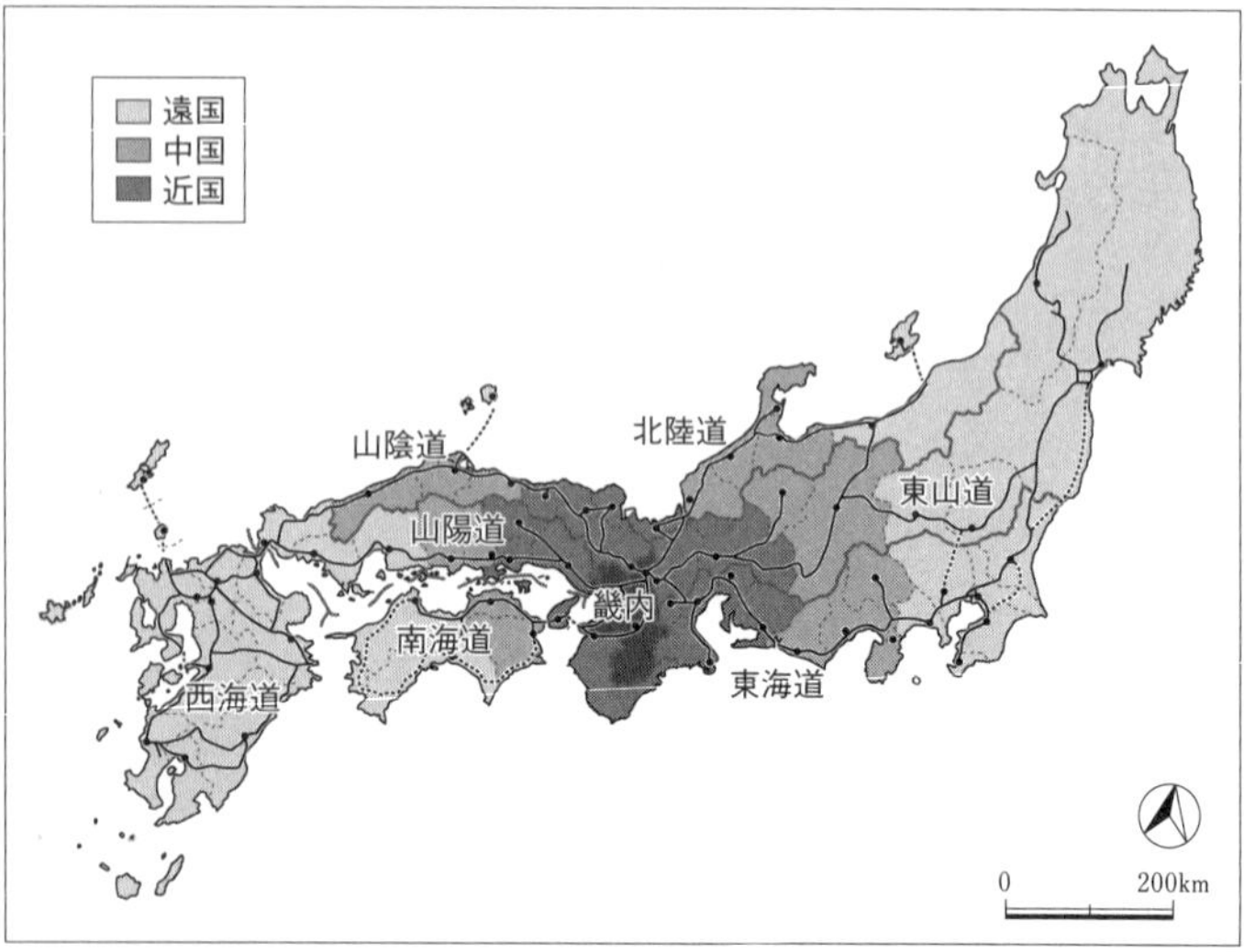

図23　七道道路と平安時代の行政区分

七世紀後半には都を起点とする全国的な幹線道路網、七道駅路も整備されていた［図23］。七道駅路は、幅一〇メートル前後の直線的な道路であり、規模や構造は江戸時代の五街道をしのぐほどである。都と地方との活発な往来があり、かつ立派な道路網もあるのに、なぜ、車の利用がさほど認められないのか。このことについて見ていこう。

先述した『延喜式』「木工式」によると、車輌一台あたりの輸送量は約三一二キロ、馬一匹（古代では牛馬は「頭」ではなく「匹」と数えた）あたりの輸送量は車の三分の一（三分の二を減ぜよ）とあるので、約一〇〇キロ。『続日本紀』天平一一年（七三九）四月一四日条にも、駄馬の積載量を大二〇〇斤（約一三四キロ）から、一五〇斤（約一〇〇キロ）に改めるとあるので、車の輸送量は、駄馬の三倍にも及んだことがわかる。

このように車は、輸送効率に優れていたが、『延喜式』「主税寮式」によると、その利用範囲は、淀《よど》津《のっ》(平安京の南約一〇キロの桂川右岸に位置する)から平安京までの間に留まっており、長距離を車で運搬することは想定されていない。また、奈良時代後半から平安時代前半にかけておこなわれた国家と蝦夷との戦争における兵糧の輸送も、人が担いで運ぶことを標準としているように、一度に多量の物資を運ぶ際にも、車が利用された形跡が認められないのだ。

一方、『更科日記《さらしなにっき》』には、下総国と武蔵国の境を流れる太井川《ふとい》を渡る場面で、車を船に積み渡ったとの記載がある。また、福岡県久留米市の西海道《さいかいどう》駅路が通過する地点など、駅路が通過する場所にしばしば「車路《くるまじ》」の地名が確認できる。発掘調査でも、埼玉県所沢市東の上《あずまうえ》遺跡で見つかった東山道駅路のように、轍痕が確認された例もある。ただ、それは痕跡からすると、車が何度も繰り返し往来したようなものではない［図24］。

これらのことから、車は各地で利用されていた可能性はあるものの、交通量も少なく、税の輸送など遠距離の運搬にはあまり利用されていなかったと考えられる。

立派な道があり、物資の輸送もおこなわれており、車やその運搬力となる畜力も利用できる状態にありながら、なぜ車の遠距離利用が認められないのか。もちろん、その理由には、日本の国土の特徴、すなわち山がちで、流れが速い河川が複数あるなど、交通の阻害要因が多いことがあげられるが、そのほかにも、七道駅路の路線選定の特徴をあげることができる。

図24　埼玉県所沢市東の上遺跡で見つかった東山道武蔵路（所沢市教育委員会提供）

七道駅路は、相当な急傾斜であっても最低限の切通しをおこなうだけで、直線的に敷設することにこだわっている。最大斜度は東京都国分寺市で検出された東山道武蔵路や栃木県那須烏山《からすやま》市の東山道駅路で約二〇～二五度だ。馬が登ることができる最大斜度のようで、車を曳いて登ることは不可能だ。また、駅路の中には、平安京から兵庫県内を通過する山陰道駅路のように、諸国を効率的に結ぶために、冬季には積雪により通行困難となるような標高三〇〇メートルを超える峠を三カ所も通過するような難路を選定するなど、物資を運搬するには不向きな路線をあえて選定している場合もある。

このような難路を選んだ理由は、

①緊急の使者がいち早く目的地にたどり着けること
②それぞれの駅路が通過する諸国を、できるだけ効率的に結ぶこと
③沿線の土地を区画する基準線や、国の大きさを測る役割を有していたこと

があげられる。つまり、駅路は物資の輸送や、気象条件が悪いときの利用などをほとんど考慮せずに路線が選定されており、車の利用はまったく想定されていなかった。

七道駅路は一〇世紀後半前後に姿を消し、それに代わって七道駅路成立以前の道路網へ回帰したと考えられるが、その後も車の利用は限定的だ。

一一世紀前半から中ごろに成立したと考えられる『新猿楽記《しんさるがくき》』には車借として活動した越方部津五郎《おちかたべ》という人物が登場するが、その活動範囲は、東は大津（大津市浜大津付近）・三津（大津市下坂本）、西は淀渡《よどのわたり》・山崎（京都府と大阪府の府境）と京都周辺のごく限られた範囲にとどまっている。つまり、都近くまで船で運ばれた物資を都へ運ぶのが、車借の主たる活動だったのだ。

長距離を利用したと考えられる例は、『東大寺文書』にある長治元年（一一〇四）六月二〇日付の「料米下行切符《りょうまいげぎょうきっぷ》」だ。これによると、東大寺が美作国《みまさか》から米・塩の輸送のために、山城国木津の車借二六人を動員したことが確認される。このことから、奈良時代以来の川湊である木津（現在の京都府木津川市）と平安京の物資の集積地である淀津付近には車借がいて、寺社などの要請を受けて運搬にあたっていたことがわかるが、言い換えれば、これは美作国に車借がいなかったことを示している。車による輸送は範囲が限られていたのだろう。

なお、『新猿楽記』には、八郎真人なる商人が現れるが、彼は船を用いて「東は俘囚《ふしゅう》の地（北海道）に至り、西は貴賀《きか》の島（喜界島）に渡る。交易の物、売買の種、数をあげるべからず」とある。つまり、少なくとも平安時代の物資の広域輸送は、もっぱら水上交通でおこなわれており、かつ、その範囲はまさに列島規模に及んでいたのだ。

七道駅路

駅路とは、律令制による緊急通信制度である「駅制」で利用すると定められた道路のことで、沿線には三〇里（約一六キロ）ごとに、正式な使者である駅使《えきし》が宿泊したり、休憩したりするための施設である駅家《うまや》が置かれた。国家に非常事態が発生した場合などには、使者の証である駅鈴《えきれい》を鳴らしつつ、駅馬《えきば》（はゆま）に乗った駅使が駅路を疾走した。

東海道、東山道、北陸道、山陰道、山陽道、南海道、西海道駅路の七つの路線からなる七道駅路は、都を起点に諸国をつなぐように放射状に延びており、幅も一〇メートル前後と広く、直線的で、都と国府といった地方拠点とを最短距離で結ぶという特徴がある。

※律令では五町（一町は約一〇九メートル）を一里と定めた。それを豊臣秀吉が半刻（約一時間）で移動可能な距離を目安に、三六町を一里とし、一里塚を置いた。それは江戸幕府にも踏襲され、明治の度量衡法により三六町（約四キロ）を一里とすると定められた。

江戸時代の車

平安時代以降も日本では、車の利用は低調だった。それは、大量の物資の輸送が奈良時代前半を除き、もっぱら水運によっていたためだ。平安時代、西日本からの物資は淀津まで水運を利用し、そこから平安京までの区間のみ車を利用していた。北陸からの物資は、塩津（長浜市）や勝野津（高島市）から琵琶湖水運を利用して大津まで運び、そこから車を利用していたと考えられる。こうした水路による物資の輸送は、先に紹介した八郎真人のように、律令の規定を超えた広い範囲でおこなわれていた形跡がいくつか認められ、それは、のちの時代にも継承された。その主役を担ったのは、国内外の商人や瀬戸内や紀伊半島などに本拠を置いた海賊たちだった。

物資の水上輸送のルート（航路）と港湾の整備は、豊臣秀吉政権下や江戸幕府においてさらに進められ、江戸時代を通じて物資流通は水上交通が主役だった。

そうした事情もあり、江戸時代の車の利用範囲は、大都市とその周辺にほぼ限られていた。江戸時代の車には、江戸の大八車、大坂のべか車、京都などで利用された牛荷車（史料には「牛車《うしぐるま》」とある）がある。大八車は明暦の大火（一六五七年）以降に急速に普及し、元禄一四年（一七〇一）には二二三九台を数えている。べか車は、前の者が綱を曳き、後ろの者が棒で押す構造で、一八世紀後半に登場、普及し、文化元年（一八〇四）には、一六七八台を数えた。

京都の牛荷車は、慶長一九年（一六一四）の大坂冬の陣のときに幕府の輸送の任にあたった輸送業者らが京都所司代板倉勝重《かつしげ》から判物《はんもつ》を与えられたことから、天下御免（正式に認められること）となったと伝えられる。牛荷車を扱う業者は、主に、京都への物資の輸送に従事していたが、寛永一一年（一六三四）に増上寺造営のため江戸に招かれ、以後、市ヶ谷に本拠を構え輸送にあたった。牛荷車の有効性は、江戸での普請でも十分に発揮され、普請終了後も業者は幕府により、江戸残留を命じられたが、牛荷車は各地には普及しなかった。

江戸時代後期に町奉行所撰要方《せんようがた》が幕府からの布達、老中からの指示や諮問、町触など、多岐にわたる文書をまとめた『撰要類集《せんようるいしゅう》』には、文化二年（一八〇五）四月に芝車町（東京都港区）の名主四郎左衛門が御番所に提出した書付がある。そこには、この当時、牛荷車を利用していた都市は、江戸、京都、駿府《すんぷ》、仙台のみだったとある。

ここまで見てきたように、江戸時代を通じて車の利用は低調で、利用された場所も江戸、大坂といった大都市に限られ、全盛期の台数も全国でもせいぜい一万台前後だったと思われる。ではなぜ、江戸時代に車が普及しなかったのか。その答えは、幕府が出したお触書にある。

『街能噂《ちまたのうわさ》』に記された荷車の東西

天保六年（一八三五）に、上野国七日市藩医の平亭《へいてい》（畑）銀鶏《ぎんけい》が大坂に滞在したときに記した滑稽本、『街能噂』は、江戸と大坂の生活文化の違いを記したものだ。その中で、荷車の違いについても、挿絵とともに掲載されている。代八車（＝大八車）と軽車（べか車）の違いの一つは車輪であり、大八車はスポークをもつ車輪が台車のやや後方につくのに対し、べか車は円板で板張りの台車の中央部についている。そして、べか車が大八車と大きく異なるところは、前に引手の横木がなく、綱を使って引くことだ。また、べか車には大小二種類あって、前者は二人以上で押し曳きして進み、後者は撞木《しゅもく》と呼ばれる長く伸びた棒を一人で押して進むタイプ。さらに、大八車の車力が「オウタカホウ、ソコタカヱイー」と掛け声をかけて進んだのに対し、べか車は曳く者、押す者ともに掛け声などかけず「至って心妙（＝神妙）な」様子だと記されている［図25］。

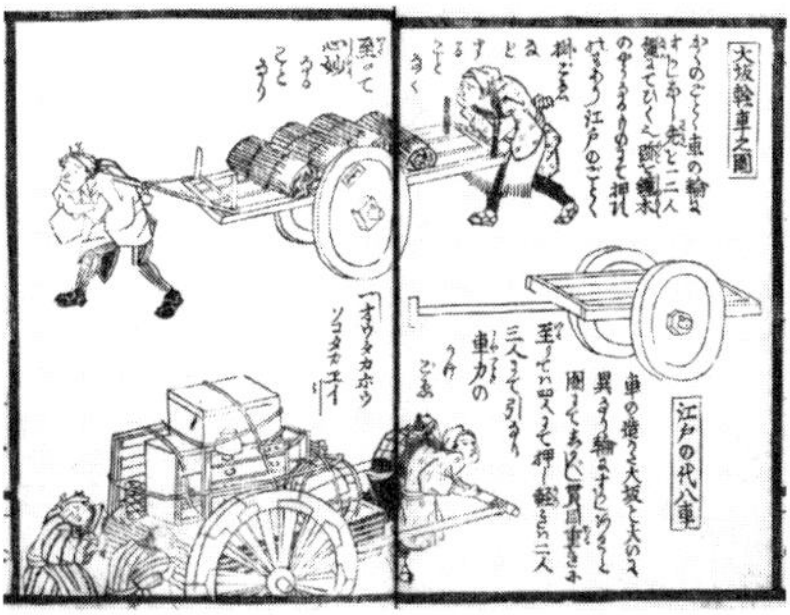

図25　江戸時代の車（『街能噂』より、大阪大学附属図書館蔵）

なぜ幕府は車の利用を制限したのか

お触書から知られる江戸幕府が車の利用を制限した理由は、大きく次の三つだ。

①交通事故発生の防止のため
②道路や橋の維持管理のため
③スムーズな通行を実現するため

では、①から見ていこう。寛保二年（一七四二）に徳川吉宗のもとで制定された『公事方御定書《くじかたおさだめがき》』により、大八車で人を轢《ひ》き死亡させた車力《しゃりき》を死罪、その荷主には重き過料、家主には過料、牛馬で人を死亡させた馬子《まご》を死罪とするなど罰則が強化された。また、安全のために、牛荷車や大八車には必ず宰領《さいりょう》（監督者）をつけるよう繰り返し命じている。

続いて②だが、享保六年（一七二一）閏七月には、江戸の町で次のような命令が出ている。

一　牛車《うしぐるま》はさらにもいはず、地車《じぐるま》なりとも橋の上を通すべからず。土橋ばかりはくるしからずとぞ。

（『有徳院殿御実記上』国史大系第十三巻、経済雑誌社、一九〇四年）

土橋を除き牛荷車はもちろんのこと、地車（重い荷物を運ぶ車高が低い四輪車）も橋を通行することを禁じている。また、大坂でも、安永三年（一七七四）にはべか車の増加が問題とされ、一般の通行の妨げになることや橋の損傷が大きくなるという理由から、橋上の通過が禁止されている。その後も、車体の登録制度や大きさの制限、夜間の通行禁止などさまざまな制限が加えられている。

また、③は寛永五年（一六二八）には狭い路地で牛を休ませることは往来の妨げになるので禁止するという命令が出され、享保七年（一七二二）八月には、①への対処も兼ねた次のお触れが出されている。

牛車、大八車、地車、并《ならびに》荷物を附候馬引通り候儀、往来の障りに不罷成《まかりならず》様に、前々も度々相《あい》触《ふれ》候処《ところ》、頃日《このごろ》は猥《みだり》に成《なり》、馬車を引つゝけ、剰馬子牛遣《つか》ひども口をはなし追ひ、往人の人をもよけ不申《もうさず》、我儘成体《わがままなりてい》に相聞、不届《ふとどき》に候、然《しかる》処頃日も、神田多町清左衛門召仕《めしつかえ》之車引共《ども》、幼年之ものに怪我いたさせ候、畢竟《ひっきょう》慎無之《これなし》故に候、怪我人死し候は死罪に可被行《おこなうべく》候得共、死し不申《もうさず》候故、右車引六人不残《のこさず》遠島被行《おこなわれ》、主人は過料出させ候、自今《じこん》車引馬子とも、往来我儘仕《つかまつり》、怪我人等も於有之《これあるにおいては》は、其科《そのとが》の依軽重《けいちょうにより》、急度可為曲事《きっとくせごとなしべく》候、此段町中へ可触知《しょくちべく》候以上

（高柳真三・石井良助共編『御触書集成』第一御触書寛保集成）

これは、車引きや馬子のマナーの悪さを指摘するとともに、子供に怪我をさせた車引き六名を島流しにし、主人にも過料を支払わせた実例を紹介することによって、注意喚起を促したものだ。これと同様のお触れは宝暦一三年（一七六三）にも出されている。

利用の自粛

車の利用が広がらなかった理由は、もう一つある。それは、幕府の度重なる禁令や利用制限を受けて、庶民が車の利用を自粛したためだ。

天保四年（一八三三）七月　牛車地車等使用区域照会並回答

一　牛車大八車之儀、三ケ津外不相成《あいならず》と申御規定にても御座候哉

牛車大八車之儀、三都之外不相成と申御規定は無之候得共《これなしそうらえども》、在方にては不相成趣に、何となく申伝候儀と相聞候、別紙書付為御心得入御一覧《おこころえなしごいちらんにいり》申候

一　地車は、何方《いずかた》にても差支無御座《さしつたえござなく》候哉

地車之儀に付、是以前々より御規定は無之候《これなくそうろう》、畢竟《ひっきょう》運送辨利《べんり》之為に候間、城下等道幅広き場所、行旅之差支無之《さしつかえなく》候はゞ、不苦儀可有之《くるしからずぎこれあるべき》と奉存候《ぞんじたてまつりそうろう》

（大蔵省編纂『日本財政経済史料』巻八、財政経済学会、一九二五年）

これは、「牛荷車や大八車の利用が三都（江戸、大坂、京都）以外に認められていないのか？」という照会に対する幕府の回答だ。幕府は、地方ではなんとなく使用が禁止されているという伝承があるようだが、そうしたことはないと答えている。また、地車についても、以前よりそうした規定はなく、

すべて運送の便利のためだから、城下町の道幅の広い場所や通行人の支障がなければ大いに利用してよいといっている。幕末も近い一八三〇年代においても、地方では車がほとんど利用されていなかったことをこの史料は示している。

なお、幕府が街道の宿駅も含め車の利用を全面的に認めたのは、大政奉還の前年の慶応二年（一八六六）のことだった。

再びツュンベリーの『江戸参府随行記』について

日本の街道において車が利用されていないことは、第1章で紹介したツュンベリーが述べている。以下、該当部分を記そう。

日本では、道をだいなしにする車輪の乗り物がないので、道路は大変に良好な状態で、より長期間保たれる。（中略）郵便車は国中どこにも見られないし、またほかに旅人を乗せる車輪の乗り物もない。したがって、貧しい者は徒歩で旅をし、そして車代を払える者は馬に乗って行くか、または駕籠か乗物で運ばれる。

（C・P・ツュンベリー、高橋文訳『江戸参府随行記』）

ツュンベリーが述べたように、このころ、ヨーロッパでは、馬車による郵便輸送がおこなわれていた。このことについて、第1章で紹介したオールコックは、日本は「世界でも最良の道路をもっておりながら、通信の速度と手段に関する点では、かれらは他の文明世界に三世紀もおくれている」と述べる。江戸時代に日本を訪れた外国人のうち何人かは、ほぼ裸身で街道を走る飛脚の姿に目を奪われ、その姿を記録しているように、日本の陸上輸送は、文書を早く届けることに重点が置かれたようだ。馬車による郵便輸送は、小さな荷物であれば、複数の宛先に迅速に届けることが可能で、ヨーロッパではそうしたニーズに応えるように郵便輸送が発達したが、日本では地形上の理由や、物資運搬のための水路網が発達していたためか、江戸時代を通じて長距離輸送に車が用いられることは、ほぼなかった。そのことが道路を良好な状態で保たせることにもつながっていた。

日本における最初の歩車分離道路

ここまで見てきたように江戸時代でも、車の利用は低調だったのだが、唯一、例外的な場所がある。それが、京都周辺だ。先述したように、京都には牛荷車を用いて輸送にあたる、幕府にも認められた業者がいた。彼らは、琵琶湖や淀川などの水上交通を利用して、大津や伏見などに運ばれた大量の物資を牛荷車専用道路で京都へと運んだ。

大津から京都へ向かう東海道、伏見から京都への竹田街道、下鳥羽《しもとば》から京都への鳥羽街道に並行して造られ、路面には頻繁な車輌の通行に耐えられるよう花崗岩《かこうがん》の板石を敷いた道路が、江戸時代の後半にあった。板石に、牛荷車の轍の跡が深く刻まれていることから、「車石《くるまいし》」と呼ばれ、現在でもその一部が残っている。車石が敷かれた道は車道《くるまみち》と呼ばれる牛荷車専用道路で、単線だったため午前は京都行き、午後は大津行きと、時間による一方通行になっていた。なお、元治元年（一八六四）の『花洛名勝図会《からくめいしょうずえ》』には、車道を進む牛荷車の列が描かれている。

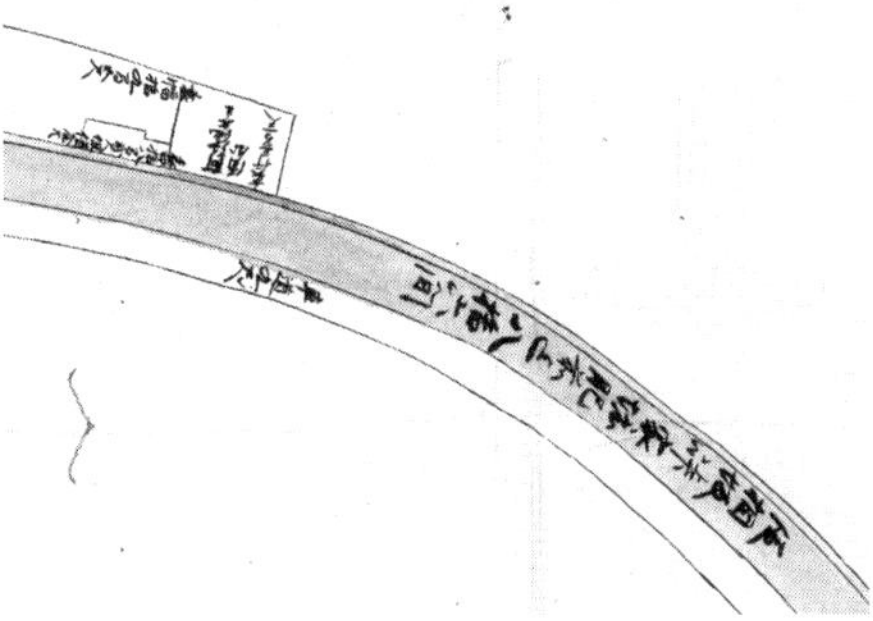

図26　『上片原町絵図』部分（大津市歴史博物館蔵）

こうした牛荷車専用道路は、車石をもつ道路以前から存在したようだ。元禄八年（一六九五）の『上片原町《かみかたはらちょう》絵図』（現在の大津市逢坂一丁目付近を描いた絵図）には、東海道に並走して「車道九尺」の文字が書かれた路線が見える［図26］。おそらく、牛荷車専用道路を指していると考えられる。さらに、寛政九年（一七九七）刊行の『伊勢参宮名所図会《いせさんぐうめいしょずえ》』には、逢坂山《おうさかやま》（滋賀県と京都府の境にあたる峠）を通る街道に並走するように、それより一段掘り下げて造られた道路を、牛荷車が進む様子が描かれている。

日本では車があまり普及しなかったため、歩車分離の考えが生まれるのは幕末に横浜などの外国人居留地において馬車が導入されたことを契機とするという見方がある。しかし、車道の例を見るかぎり、一七世紀末ごろには物資の運搬が盛んな路線では歩車分離がおこなわれるとともに、一九世紀初頭には車輌の頻繁な往来を意識した堅牢な道路づくりがなされていたことがわかる［図27・28］。

車道の行きついた先の道路の様子

車道は京都の町の手前まで続き、そこから先は一般道と合流していた。大津からの路線は現在の京都市東山区蹴上《けあげ》で三条通りと合流する。そこから先は、石による舗装がない道だったため、頻繁な牛荷車の往来により、道路の傷みが進んでいる。

京の七口と呼ばれる京都と周辺地域とを結ぶ交通路の一つにあげられる荒神口《こうじんくち》から白川、山中を越えて近江坂本へと通じる白川道の発掘調査では、中世と近世の白川道の跡が見つかっている。中世の白川道は幅三〜四メートル。路面は、厚さ約一〇センチの固く締まった礫《れき》混じりの粗い砂で、表面には轍の痕跡がうっすらと残る。

それに対し一八世紀の普請と考えられる近世の路面は、幅四・五〜六メートル前後、小礫や砂質土を用いた舗装を施して路面を構築しているが、そこからはおびただしい数の轍の痕跡が見つかっている。幾重にも折り重なった轍の跡は、最大で幅七〇センチ、深さ四〇センチに達している。深くなった轍の跡は砂や礫で埋められているが、それが繰り返された結果、文久三年（一八六三）に調査地点が尾張藩邸にとり込まれたことにより道路でなくなるまでに、路面は約一・四メートルも嵩上《かさあ》げされ

上：図27　昭和6(1931)年の道路改修の際に発掘された車石(土木學會『明治以前日本土木史』より)
下2点：図28　現在残る車石（著者撮影)。かつての路面から除去した車石の一部は現在、擁壁や石碑の土台として転用されている。

図29　白川道の断面（京都大学文化遺産学・人文知連繋センター提供）

ていた［図29］。

路面に砂などの透水性がよく、締まりやすい土を用いるのは、奈良時代以前の道路でも認められ、平安京では路面に小さな礫を敷いたものなども認められている。白川道の発掘調査からは、こうした古代以来の伝統的な工法で造られた道路では、ある程度の車輛の往来には耐えられるが、往来が激しくなるにつれ、傷みが激しくなり、補修のために砂を繰り返し積むことにより、路面がどんどん嵩上げされていった様子が見られた。

第1章で見たように、江戸時代の道路は、外国人にも賞賛されるほど、立派で清掃が行き届いていた。しかし、車輛の往来が活発になると、傷みが激しくなり、通行にも支障をきたすようになる。この話は、第4章の後半で改めて述べるので、ご記憶願いたい。

5　日本人と乗り物

明治初期の交通の混乱

ここまで、明治の交通混乱につながった江戸時代以前の乗り物の問題を、乗用と輸送とに大別し、前者については利用に関する制限がどのように変化してきたのかを中心に、後者についてはその普及や利用に関する諸規制を中心に考察してきた。その結果、明治の混乱の要因の一端が見えてきた。混乱を招いた最大の要因は、人々が乗り物（特に車）に慣れていなかったため、道路で車に出くわしたときの対処の仕方を知らなかったということにある。それは、車の数が限られていたこと、そして、その背景には車を含めた乗り物に対する厳しい利用制限があったことを指摘した。利用制限は、次の二つの観点からなされていた。

①乗り物は利用者の地位や身分の象徴であるという点
②通行の安全や道路、橋の維持管理に関わる点

では、本章の最後に、この二つの点について、まとめておこう。

日本人にとっての乗り物

乗り物（車を含む）とは本来、人や物を乗せてある場所まで運ぶことを目的とする。しかし、日本における成り立ちはそうではない。日本の乗り物は、主として権力との関係で成立し、展開を遂げてきた。すなわち、天皇の乗り物である輿に始まり、それが身分制度の仕組みが精緻化されていく中で、次第に利用対象者が拡大していくが、ある程度まで利用対象者が増加すると、時の為政者により、利用制限がおこなわれるといった具合に、少なくとも江戸時代までは、原則、限られた人物や階級の者だけが利用できるという仕組みが維持されてきた。

ただ、現実には、自力で歩行できない者を移送するための乗り物も存在した。それがのちの駕籠につながる簁輿や「あんだ」と呼ばれるものだった。ただ、こうした乗り物も、豊臣秀吉による「御掟」で、利用条件が明示され、さらにその方針を受け継いだ江戸幕府が、寛永六年（一六二九）の『武家諸法度』で制度化した。この制度は次第に弛緩《しかん》していくのだが、制度そのものは撤廃されることなく、幕末まで生き続けた。

つまり、乗り物の利用は、江戸時代までは、一貫して時の権力による許可制だったのだ。

そのことが乗り物の普及にも少なからぬ影響を与えていた。辻駕籠の数も江戸では長らく六〇〇丁以下に限られており、それは明治四年（一八七一）の東京における人力車の台数一万〇八二〇台に比べるまでもない。先に述べたが乗り物の利用の前提となる身分制度を明治政府の四民平等政策が撤廃したことにより、乗り物は広く庶民に開放されることになった。長年抑圧されてきた、乗り物の利用に対する庶民の欲求が解き放たれたことは、多量の車を一気に町に送り込むことになり、道路の光景も急速に変化した。

交通安全と道路の維持

日本における車の利用は、車が出現した七世紀後半以降、近世にいたるまで、都市部を中心とした限られた範囲のみでおこなわれていた。また、利用が認められていた大都市であっても、事故防止、道路、橋の維持管理上の問題、スムースな通行を理由に、利用台数の制限がなされていた。

平安時代の牛車のように、身分により利用制限がなされていた車は別として、江戸時代の荷車などは、利用に際して繰り返し、台数や大きさ、積載量なども含めた厳しい制限がなされるなど、主たる輸送手段までには発展しなかった。また、起伏に富んだ日本の地形は、車による広域輸送には適さず、水運を効果的に利用するほうが適していた。こうした事情もあり、江戸時代までは結果として、歩行者を優先した通行がなされていた。

明治政府は江戸幕府が整備したインフラをそのまま利用しながら、馬車や鉄道などの新たな交通手段を含む西洋文明を積極的に取り入れた。歩行者や馬による通行を優先し、車輛について厳しい制限を課すことにより成り立っていた江戸時代の交通システムは、急速に増加した多種多様の車輛の交通に適応できず、また人々の意識もそれについていくことはできなかった。そして、道路そのものの強度も、こうした急速な変化についていけなくなるのだが、この話は章を改めよう。

いずれにせよ、アンベールが描いた絵のような世界（二七頁　**図4**）が、明治二年（一八六九）の錦絵《にしきえ》（六八頁　**図9**）のような世界へと、わずか七年ほどの間で変わったのだから、人々が戸惑ったのも無理はなかろう。

コラム 輸送具としての橇

運搬具としての橇《そり》の出現は、古墳時代にさかのぼる。大阪府藤井寺市三ツ塚古墳からは長さ八・八メートルと同二・九メートルのV字形の二股《ふたまた》橇状を呈する修羅《しゅら》が出土している［図30］。このような形態の修羅は、慶長一二年（一六〇七）築城の第一期駿府城の普請の様子を描いたとの説がある「築城図屏風」（名古屋市博物館蔵）でも確認でき、江戸時代でも巨石の運搬などに利用されたことがわかる［図31］。

また、木材や石材などの重量物の運搬の様子を描いた絵画史料もいくつか認められる。江戸城西之丸再建用の檜《ひのき》を伐《き》り出したときの様子を描いた「天保九年（一八三八）木曽《きその》大材《たいざい》井出《いでの》小路伐《しょうじきり》出之図巻《だしのずかん》」（名古屋市博物館蔵）では、材木を並べ滑り道（俗に修羅という）を造り、その上を、伐木を滑らせて土場に集める「修羅出し」がおこなわれていたことが確認できる。

さらに、宝永元年（一七〇四）に日向《ひゅうが》国白鳥《しらとり》神社で切り出され、東大寺へと運ばれた長さ約二三・五メートルの巨木の輸送の様子を描いた「大仏殿虹梁木曳図《だいぶつでんこうりょうこびきず》」には、横木を敷き並べた道の上を巨木が大勢の人に曳かれている様子が描かれている。なお、宮崎県えびの市前畑遺跡では、この木を曳いた道の可能性がある道路遺構が見つかっている。道幅は幅一・八～二メートルで、

上：図31 「築城図屛風」に描かれた修羅（名古屋市博物館蔵）
下：図30 大阪府三ツ塚古墳で出土した修羅（南から。近つ飛鳥博物館蔵、大阪府教育委員会提供）

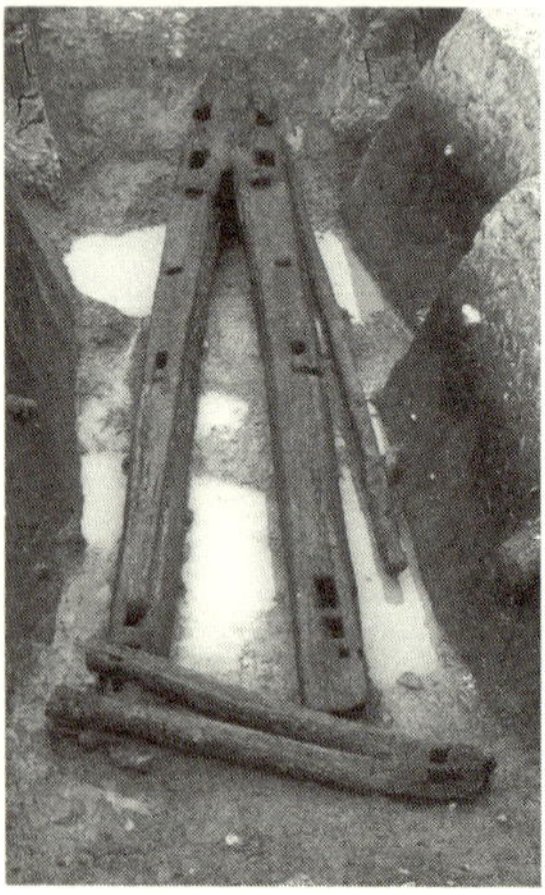

路面に並行して深さ一〇～二〇センチ、幅二〇～四〇センチの連続する窪みが認められている。これは枕木を埋め込んだ痕跡と考えられる

天保九年（一八三八）と嘉永五年（一八五二）の江戸城西之丸の修築で使用する石材を切り出す様子を描いたと考えられる「石切図屏風《いしきりずびょうぶ》」（松永記念館蔵）には、石材を載せた車を曳く牛が複数、描かれている。そのうちの一頭が歩く道には横木を敷きならべたような表現がある。この道路面に敷かれた横木と、橇による運搬を関連づける見方がある。

図32　木馬出し（吉野木材搬出の光景、絵ハガキ）

明治時代には、山から木材を切り出す際に「木馬《きんま》」と呼ばれる木製の橇を用いるようになったことが知られている。木馬を曳く道には盤木と呼ばれる横木を並行に並べ（木馬道）、その上に木馬を滑走させる［図32］。

重量物の運搬にあたり、橇を利用することは古墳時代以降、近代に入っても認められるが、橇による輸送は橇を滑走させる道路そのものにも造作がおこなわれるのが通例だ。道路遺構の発掘調査では、しばしば「波板状凹凸面」と呼ばれる道路に対して直行する長楕円形の連続する土坑群が見つかることがあり、これを枕木やコロの痕跡とする見方が示されてきた。それに対し、同様の痕跡を路床強化のため

の土木工法によるものとする見方や、牛馬の歩行痕跡とする説が示されている。いずれの説も、その可能性を完全には否定できないが、コロは横木の回転力を推進力とするものなので、地面に痕跡が残るほど埋まりこんでしまうと、その役割を果たさないことになる。

大阪府豊中市新免《しんめん》遺跡や高松塚古墳などでは、二本の木材を並行して並べたと考えられるレール状の遺構が検出されており、この上にコロを置き、修羅を滑走させた可能性が考えられている。また、近世の石曳きでもレールとコロ、修羅、斜路を上る際にはロクロも用いた運搬がなされていたことが知られている。

第3章

道路と信仰

1 神が通る道、神がいる道

道を清める——神事と道

道路は、人だけでなく、神仏も利用する——日本には、古くからそのような思想があった。道路沿いには、地蔵や石塔など祭祀に関わるさまざまなものがあり、今なお、道路を通る（道路にいる）神仏のために儀式、祭礼がおこなわれている。往来の歴史を考えるうえで、人ならぬものの道路の利用と、人々との関わりを示すさまざまな痕跡を見逃すことはできない。

福岡の夏の風物詩「博多《はかた》祇《ぎ》園山笠《おんやまがさ》」では「清道《せいどう》」と書かれた旗が掲げられる。「清道旗《せいどうばた》」と呼ばれるこの旗は、櫛田《くしだ》神社、東長寺《とうちょうじ》、承天寺《じょうてんじ》の前の三カ所に立てられ、このうち櫛田神社のものは、「櫛田入り」（山笠が櫛田神社境内に入ること）の目印でもあり、山笠がこの旗の下を旋回するのが、祭りの最大の見どころである。

ところで「清道」とは、「天子の行幸を祓い清める」という意味で、清められた道は神が通る神聖な道とみなされた。博多祇園山笠は博多の町全体の守り神である櫛田神社に、「山《やま》」といわれる人形が乗った山車《だし》を奉納する神事で、祭りの初日には町の角々に笹竹を立て、注連縄《しめなわ》を張り、町を祓い清め神域とするとともに、山車に神様を招き入れる「御神入れ《ごしんい》」がおこなわれる。これによって、山車が通る道は神が通る神聖な道となり、山笠が神の依り代となる。

また、京都の祇園祭では「道清めの儀」または「道調べの儀」と呼ばれる神事がおこなわれる。鴨川の水で神輿を清める「神輿洗い」の儀式の際に、神輿が通る八坂神社と儀式がおこなわれる四条大橋との間の道路を、大松明《たいまつ》を持った神輿の担ぎ手たちが勢いよく炭を落としながら往復する勇壮な火祭りだ。なお、神が通る道を松明で清める儀式には、奈良の春日若宮おん祭の遷幸の儀（若宮神を本殿よりお旅所の行宮《あんぐう》へと深夜、遷《うつ》す行事）などもある。

このように、現代に伝わる祭りの中には、神輿や山車が通る道を清めるという儀式がおこなわれているものがある。

神仏に出会うための道——参詣の道

先の例は、神が道路を通るとき、すなわち祭事に限って、道路を清め、神域とするという例であるが、日本には、神仏に出会うための道や、神仏に近づく修行のための聖なる道もある。代表的なものには、四国遍路道がある。弘法大師空海ゆかりの札所《ふだしょ》（巡礼者が参拝の印として、札を納めたり受け取ったりする場所、四国霊場の場合は八八の寺院）を巡る、全長一四〇〇キロにも及ぶ壮大な回遊型巡礼路であり、今も多くの人々が訪れている。同行二人《どうぎょうににん》といって、お大師さんはつねに一緒にいるという思想があり、巡礼者であるお遍路さんの菅笠《すげがさ》などの持ち物にも、その文字が記されている。まさに道そのものが、信仰の場なのだ。

また、伊勢神宮などの聖地に向かう「往復型」の巡礼路も数多くある。聖地への巡礼は、平安時代以降、活発化するが、この時期の代表例に、熊野詣《くまのもうで》がある。延喜七年（九〇七）におこなわれた宇多法皇の御幸《みゆき》を皮切りに、弘安四年（一二八一）の亀山上皇まで、皇室の参詣だけでも三七四年間で、九四回を数える。熊野への参詣道の沿線には、地元民により祀られていた在地の神の社を、修験者《しゅげんじゃ》たちが認定して、道中の守護神として整備した「王子《おうじ》」が一〇一あるといわれる。

このほかにも、平安時代には藤原道長らによる金峯山《きんぷせん》への参詣、『源氏物語』にも記された長谷詣《はせもうで》（奈良県桜井市長谷寺の本尊十一面観音に対する信仰）や石山詣（滋賀県大津市石山寺への参詣）、摂関家などによる春日詣《かすがもうで》（春日大社への参詣）など、貴族らによる社寺参詣が流行したことが知られる。

なお、行幸のときは、行幸途上にある諸社（路次の神）や、境界（堺の神）に幣《みてぐら》（絹など）を奉るとともに、天皇が宿泊する施設や、天皇の飲み水を汲む井戸や調理をする竈《かまど》の鎮祭がおこなわれた。

往復型の巡礼路には、道標が立てられることもある。町石《ちょうせき》（丁石）と呼ばれる道標がそれであり、主に大寺院への参詣道に設置された。文字どおり一町（約一〇九メートル）ごとに設置され、高野山では、根本大塔《こんぽんだいとう》を起点として山麓の慈尊院《じそんいん》（和歌山県九度山町）までの二二キロの間に、高さ三メートル弱の五輪卒塔婆《そとば》型の石柱が一八〇基、根本大塔から奥の院の弘法大師廟《びょう》までの約四キロに三六基、立てられた。現存する石製の町石は、文永二年（一二六五）に発願、弘安八年（一二八五）に完成し、その後、立て替えが繰り返されたものだが、弘仁七年（八一六）の開山のときには、木製の卒塔婆があったと伝えられる。

治承四年（一一八〇）から文永三年（一二六六）までの八六年間にわたり、鎌倉幕府の歴史を記した『吾妻鏡《あずまかがみ》』の文治五年（一一八九）九月一七日条が引用する、源忠已講《げんちゅういこう》と心蓮《しんれん》大法師による平泉《ひらいずみ》の寺院に関する報告書には、藤原清衡《きよひら》が、白河から外ヶ浜《そとがはま》（青森県外ヶ浜町）までの奥大道《おくだいどう》に沿って一町ごとに、表面に金色の阿弥陀像を描いた傘卒塔婆を立てたとある。清衡により中尊寺が中興された長治二年（一一〇五）ごろに、中尊寺を起点として立てられたと考えられる。道標の成立は、高野山や中尊寺などの仏教信仰と強く結びついており、一定間隔で卒塔婆が設置された道は、聖なる場所につながる道の証しであった。

このように、平安時代に皇族や貴族により始められた寺社への参詣により、そこへ向かう道路が整備され、沿線には熊野詣における王子のような宗教施設が設けられ、それが宿泊所や休憩所としても利用されることもあった。鎌倉時代以降は、それらの道に沿って、道標や塔婆、石造物などが立てられるようになり、その数は時代を経るごとに増えていった。そうして、目的地である寺社へ向かう道路そのものが「信仰の道」としての性格を帯びるようになった。

江戸時代になると「お蔭参り《かげまい》」に代表されるように、庶民による伊勢神宮への参詣が活発化し、ピーク時の文政一三年（一八三〇）には四二七万人もが参詣したという。このように、参詣の旅は神仏に出会うための宗教的な意味をもちつつも、それが活発化することにより、道路や沿線の整備が進むことになる。また、参詣者の多くは集落の代表として、集落の人々の積立金で旅をしたため、旅の途中で見聞きしたことは、集落の人々と共有され、沿線の品々が土産として集落で配られた。その結果、寺社は信仰の場でありながらも、観光地としての側面も有することになり、参詣の旅が当時の最新の文化や情報を各地に広げる役割を果たすようになった。

大神宮灯籠

伊勢神宮への参詣道には「大神宮」もしくは「太神宮」と書かれた灯籠《とうろう》や石碑が見られる【図33】。江戸時代になると伊勢神宮参拝の「お蔭参り」が盛んになり、全国各地に伊勢神宮へと向かう道沿いに、お参りのための神社や伊勢への道標となる灯籠などが立てられた。灯籠は奈良県に多く認められ、伊勢神宮に参拝した記念に、または参詣者を接待した記念に造られたようだ。道標が立てられた場所は、参詣者への接待の場としても利用されたようで、現在でも、地元で「大神宮さん」などの愛称で親しまれ、灯籠そのものが信仰の場とされているところもある。

図は、近世伊勢街道沿いに設置されたもので、竿《さお》に「明和八辛卯九月参宮接待連中」の銘文があることから、一七七一年に伊勢神宮への参拝者を接待したことを記念して立てられたと考えられる。この石塔は、現在の場所から東へ二〇〇メートルの地点、古代の東西道路横大路と南北道路下ツ道との交差点付近から移されたもので、もとの場所には「センタイバ」（接待場の転訛か）の地名が残る。

図33　大神宮灯篭(奈良県橿原市、著者撮影)

衢の神――異世界との境界にいる神

道と道とが交わる衢《ちまた》には、神がいる。日本人は古くから、そう考えていた。『古事記』の伊弉冉尊《いざなみのみこと》、伊弉諾尊《いざなぎのみこと》の神話の中に、早くもそれは現れる。黄泉国《よもつくに》から逃げのびた伊弉諾尊が禊祓《みそぎはらえ》をおこなったとき、投げ捨てた御褌《みはかま》から成った神が「道俣神《ちまたのかみ》」であったと伝える。

道俣神は神社の祭神としては、八衢比《やちまたひ》古《こ》神と八衢比《やちまたひ》売《め》神という男女一対の形で祀られる場合が多い。また、『日本書紀』によると、泉津《よもつ》平坂《ひらさか》で伊弉冉尊に追い詰められた伊弉諾尊が、持っていた杖を投げたところ、そこから岐神《ふなどのかみ》が生まれたという。岐神は別名、久《く》那《な》斗《と》神。境界を示し、そこから内への外敵の侵入を防ぐ神ともいわれる。八衢比古神、八衢比売神も含めたこの三神を祀る儀式が、古代にはすでにおこなわれていたことが知られている。その詳細は後述するが、これらの神が祀られる場所は、複数の道が交わる衢だ。

衢の神は『古事記』『日本書紀』からもわかるように、もともとは現世と黄泉《よみ》の世界との間の境界に生まれた神だった。また、天孫降臨をする瓊《に》瓊杵尊《にぎのみこと》は、天之《あまの》八衢《やちまた》で猿田彦《さるたひこ》に出迎えられるが、この八衢とは、天界と下界との境界にあたり、その守護神である猿田彦は、道の神、旅人の神とされた。このように、記紀に記された衢は異世界との境界であって、そこには久那斗神、八衢比古神、八衢比売神らがいると考えられていた。そして、衢に、この三神が祀られているように、現実の衢も、外部（異世界）との境界と認識されていた。

この思想は、古代以降、形を変えながらも引き継がれる。現在でも、村境や峠などの路傍で祀られている道祖《どうそ》神《じん》は、中国の道の神「道祖」と日本の衢の神とが融合したものだ。平安時代末期に編纂された『今昔物語集』巻第一三「天王寺僧道公《どうこう》、誦法花救道祖語《ほっけをじゅしてさいのかみをすくえること》第三四」という説話に紀伊国美《み》

図34　集落の入り口付近にある地蔵（奈良県桜井市、著者撮影）
地蔵信仰と道祖神信仰とが結びつき、地蔵は村の結界の守護神とされる場合も多い。集落との結びつきが強く、こうした地蔵を対象に旧暦7月24日に地蔵盆をおこなっている地域も多い。

奈部《なべ》郡の道祖神が登場する。また、鎌倉時代前期に成立した『宇治《うじ》拾遺《しゅうい》物語』の第一には、平安京五条西洞院《にしのとういん》の斎《さい》の神（下京区に現存する道祖神社）が登場する。道祖神にはサイノカミ（塞の神）の音が当てられており、文字どおり、「道を塞《ふさ》ぐ」、つまり、外部から侵入する疫病神や悪霊を防ぎ止める神とされていた。また、道の神、旅人の神とされた猿田彦信仰とも習合（さまざまな宗教の神々や教義が合体したり融合したりすること）し、道祖神が「猿田彦神」として祀られていることも多い。

　猿田彦を衢で祀るときに、その妻である天宇受売《あめのうずめ》神とともに祀られたため、この二神は夫婦和合・子孫繁栄・縁結びなどの神としても信仰された。さらに道祖神は、地蔵信仰とも習合し、その結果、各地の路傍に地蔵が立てられるようになった。これは、有名な社寺に参詣できない人々の身近な信仰の場となった。道祖神や地蔵は、集落の出入り口付近で祀られた。そこは、村落と外部との境界であり、異世界からやってくる神仏を出迎える（あるいは追い返す）場所でもあったからだ［図34］。なお、豊後大友氏による仁治三年（一二四二）の『新御成敗状』によると、府中の住民が道祖神社を建てることを禁止している。これは、大友氏が、道祖神信仰をいかがわしいものと考えていたことを示す一方、住民の間に、道祖神信仰が深く根づいていたことを示している。

このほかに、街道筋に祀られているものには、庚申塔《こうしん》がある。これは道教による庚申信仰に由来するもので、もともとは庚申《かのえさる》の日（干支の組み合わせの五七番目）に神仏を祀って徹夜する行事を三年一八回続けたことを、記念して立てる塔であったが、庚申の「申」と猿田彦の「猿」とが結びつけられたことにより、道の神としても信仰されるようになった。庚申信仰は、平安時代には確認され、菅原道真の漢詩集『菅家《かんけ》文草《ぶんそう》』には、「庚申《こうしん》の夜、懐《おも》ふ所《しょ》を述《の》ぶ」という庚申信仰に関わる詩がある。

このような外部世界との境界には、神仏がいて、悪いものを追い払ったり、よいものを招き入れたりするという思想が古くからあり、形を変えつつも現在に至っている。そして、その痕跡が路傍の石碑や石造物などとして、今なお、数多く残されているのだ。

衢の風景

『日本書紀』や『万葉集』には、海石榴市衢《つばいちのちまた》や軽《かる》衢がたびたび登場し、そこでの儀式の内容や施設があったことがうかがわれる。

海石榴市衢は現在の桜井市金屋《かなや》あるいは戒重《かいじゅう》にあったと推定されている。史料上の初出は、『日本書紀』武烈天皇即位前紀で、そこでは歌垣《うたがき》（若い男女が集まり、相互に求愛の歌謡を歌い合う行事。奈良時代にも、天皇の主催により朱雀門《すざくもん》前でおこなわれた記録が残る）がおこなわれたことがわかる。敏達一四年（五八五）には、蘇我馬子《そがのうまこ》が得度させた尼が、海石榴市亭で鞭《むち》うたれたこと、推古一六年（六〇八）には隋使裴世清《はいせいせい》が出迎えられたという記録がある。また、炊屋姫《かしきやひめ》（推古大王）の別業《なりどころ》（別荘）があったこと、「市」の名が示すとおり、市が開かれていたこと、「亭」を「ウマヤタチ」と読み、後の駅家のような施設があった可能性も指摘されている。

軽衢では、推古二〇年（六一二）に欽明大王の后で推古大王の母である堅塩媛《きたしひめ》を桧隈大陵《ひのくまのおおみささぎ》に改葬する際に誄《しのびごと》（死者の生前の功徳をたたえること）がおこなわれたこと、天武一〇年（六八一）には天皇が広瀬野《ひろせの》に行幸する際の出発の儀式がおこなわれたことが知られる。また、軽の地には数多くの施設が知られる。『日本書紀』だけでも「懿徳紀《いとく》」の曲峡宮《まがりおのみや》、「孝元紀」の境原宮《さかいはらのみや》、「応神紀」の厩坂《うまやさか》、軽池、「欽明紀」の軽曲殿《かるのまがりどの》、「天武紀」の軽市などがあり、『古事記』には「孝元段」の軽之堺原宮、「崇神段」の軽之酒折池《さかおりのいけ》、「応神段」の軽島之明宮《かるしまのあきらのみや》、『万葉集』には軽池、軽社《かるのやしろ》の斎槻《ゆつき》がある。

つまり、海石榴市と同様、市が置かれたこと、さまざまな儀式がおこなわれたこと、大王の宮や有力者の館が置かれ、池や聖なる樹のある社があったことがわかる。ちなみに『日本書紀』には、海石榴市と同様、「市」の字が見え、外国使節が出迎えられ宿泊した、阿斗桑市《あとのくわのいち》が見られる。海石榴市の「椿」、軽衢の「槻（欅《けやき》）」、桑市の「桑」と、衢には聖なる木が生えていたようだ。

複数の道が交わる衢は、歌垣や外国使節の出迎えなどさまざまなイベントに利用されるだけでなく、市が開かれるなど賑やかな場所だった。また、シンボル的な木があり、大王や王族、有力豪族が館や別荘を構えるなど、政治的にも宗教的にも、重要な場所とされていた。

2 道路で繰り広げられた神仏と人との物語

古代の「清道」——古代のパレード

ここまで、道路上で繰り広げられるさまざまな時代の信仰の概要を述べてきたが、ここからは時代を古代に絞って文献史料と発掘調査成果からその実態を見ていくこととする。

第2章で、大仏供養に際して入京した宇佐八幡神の話を紹介したが、このことを記した『続日本紀』天平勝宝元年（七四九）一一月二四日条には、次のような記載がある。

参議従四位上石川朝臣年足《としたり》、侍従従五位下藤原朝臣魚名《うおな》を遣《つかわ》して、迎神使《かみをむかえるつかい》とす。路次の諸国、兵士一百人以上を差し発《おこ》して、前後《まえうしろ》を駈除《くじょ》せしむ。また歴《ふ》る国、殺生を禁断す。その従人《ともひと》の供給《ぐごう》には、酒・宍《しし》を用ゐず。道路は清め掃き、汚穢《おわい》せしめず。

聖武太上天皇による大仏建立という国家プロジェクトの成功と、この事業の重要性、そして神でありながらも仏を造ることを強く後押しした八幡大神が、いかに偉大であるかを広く世間に示すために、下した命令の中に道路の清掃が見える。これらの命に加え太上天皇は、八幡大神のために天皇しか用いることができない紫の輿を準備し、一品《いっぽん》の位（品位《ほんい》とは、親王と内親王に与えられる位）を奉った。これは、八幡大神を応神天皇の神霊、つまり皇室の祖先神と認めることを意味しており、政府高官による出迎えから法会への参加に至るまでの、八幡大神に対する政府の一連の対応は、この神が別格の存在であることを、庶民に至るまで広く知らしめる目的があったと考えられる。

なお、道を清めるという行為は、古くは推古一六年（六〇八）に隋使、裴世清《はいせいせい》が入京したときにもおこなわれていたことが『隋書』「倭国伝」に見える（今、故《ことさら》に道を清め、館を飾り、以って大使を待つ）。『日本書紀』によると、裴世清は、難波において飾船《かざりぶね》で迎えられ、海石榴市衢では飾馬七五匹に出迎えられるなど、盛大な歓迎を受けた。また、賓客が通行する前におこなわれる道の清掃は、第1章で紹介したように、江戸時代の大名行列にも認められる。道路の清掃は神仏や高貴な人物が通過することを沿線の人々に伝えるサインでもあった。

後述するように、平安京では、日常的な道路の清掃規定があったが、それ以外にも、特別な出迎えに、「清道」が命じられることがあった。

招かざる神——疫病神を追い払う

『続日本紀』天平七年（七三五）八月一二日条には、次のような記載がある。

> 勅《みことのり》して曰《い》はく。「如聞《きくな》らく、「比日《このころ》、大宰府に疫《えやみ》に死ぬる者多し」ときく。疫気《えきき》を救ひ療《いや》して、民の命を済《すく》はむと思欲《おも》ふ」とのたまふ。是《ここ》を以《もち》て幣《みてぐら》を彼部《かのくに》の神祇《あまつかみくにつかみ》に奉り、民の為《の》に禱み祈らしむ。また、府の大寺と別国《ことくに》の諸寺《てらでら》とをして、金剛般若経《こんごうはんにゃきょう》を読ましむ。仍《より》て使《つかい》を遣《つかわ》して疫民《えきみん》に賑《しん》給《ごう》し、幷《あわ》せて湯薬《とうやく》を加へしむ。また長門より以還《このかた》の諸国の守《かみ》、若《も》しくは介《すけ》、専《もは》ら斎戒《さいかい》し、道饗《みちあえの》祭《まつり》を祀《まつ》る。

天然痘の大流行に伴って聖武天皇が道饗祭の実施を命じたものだ。

道饗祭とは、国家祭祀の大綱を定めた『律令』「神祇令《じんぎりょう》」にその名が見え、毎年六月と一二月におこなわれていたことがわかる。祭りの内容は、『延喜式』「四時祭《しじさい》式」（四季にわたって定期的におこなわれる祭儀についての定め）や『律令』の解説書である『令義解《りょうのぎげ》』の記述に現れている。
　それらによると、この祭りは八衢比古神、八衢比売神、久那斗神の三柱を祀り、都に災いをもたらす鬼魅《きみ》（鬼や化け物）が入らないよう祈願する神事で、京の四隅の大路上でおこなわれた。「饗」の文字が示すように、路上で飲食のもてなしをする祭りで、『令集解《りょうのしゅうげ》』によると、鬼魅を迎えて食物を供し接待することにより、お引き取り願うという趣旨の祭りだという。一方、『延喜式』「祝詞《のりと》」によると、前述の三神を饗応することで、疫神を祓っていただくという内容となっている。
　また、『延喜式』「四時祭式」上には、祭で用意する道具や食材などの内容と量が記されている。

道饗祭 京城の四隅に於いて祭れ
五色の薄施《うすぎぬ》各《おのおの》一丈、倭文《しず》四尺、木綿一斤十両、麻《お》七斤、庸布二段、鍬四口、牛皮二張、猪皮・鹿皮・熊皮各四張、酒四斗、稲四束、鰒《あわび》二斤五両、堅魚《かつお》五斤、腊《きたい》八升、海藻《め》五斤、塩二升、水盆《みずへ》・杯各四口、槲《かしわ》八把、匏《なりひさご》四柄、調の薦《こも》二枚。

　道饗祭は鬼魅を境界より中に入れないための儀式だった。祝詞の最後に「また親王たち・王たち・臣たち・百《もも》の官《つかさ》の人ども　天の下の公民《おおみたから》に至るまでに　平《たいら》けく斎《いは》い給《たま》えと」とあるように、神と人とによる大規模な飲食がおこなわれた（神人共食・直会《なおらい》）。

なお、道饗祭と類似の祭祀に「臨時祭式」に記載される「八衢祭」や「宮城四隅厄神祭《きゅうじょうしぐうえきじんさい》」「畿内《きない》堺十処厄神祭《かいじっしょ》」がある。これらの祭は、疫病の流行に際して臨時におこなわれるもので、八衢祭の実施にかかる史料は認められないが、宮城四隅厄神祭と畿内堺十処厄神祭の実施は、『続日本紀』宝亀元年（七七〇）六月二三日条などに見られる［表6］。

道饗祭の遺跡――使い捨てられた多量のうつわ

平城京の玄関口である羅城門《らじょうもん》の東側、東一坊大路と九条大路の交差点付近にある前川遺跡で、道饗祭の可能性がある遺構が昭和四七年（一九七二）に見つかっている。遺跡が用水路の建設工事のときに偶然発見され、発掘調査は工事による掘削が終了した後になされたため、遺構の詳しい状態はよくわからないが、遺物は、九条大路が東一坊大路と交わる所から西へ約五〇メートルの地点から集中して出土したらしい［図35］。また、掘削した断面の観察により、土坑八カ所と井戸二基の存在を確認している。このうち、土坑六カ所と二基の井戸からは、天平ごろの土師器が多量に出土しており、中には同じ大きさの杯《つき》が複数重なった状態で出土した土坑もある。

出土した土器は、時期もまとまっており、器種は杯や皿などの食器が多数を占める。また、製作技法も共通し、全般に遺存状況が良好で、器面はまったくといっていいほど荒れていない。通常、甕《かめ》類には繰り返し火にかけたことにより煤《すす》が付着しているがそれは認められず、製作当時の状況を留めている。

祭		実施場所	料物
鎮火祭	四時祭	宮城の四隅	五色薄絁各四尺、倭文四尺、木綿五両、麻一斤、庸布二段、鍬四口、米·酒各四升、鰒·堅魚各一斤五両、腊四升、海藻一斤五両、塩二升、瓶·坩·坏各四口、槲四把、匏四柄、藁四囲。
道饗祭	四時祭	京城の四隅	五色薄施各一丈、倭文四尺、木綿一斤十両、麻七斤、庸布二段、鍬四口、牛皮二張、猪皮·鹿皮·熊皮各四張、酒四斗、稲四束、鰒二斤五両、堅魚五斤、腊八升、海藻五斤、塩二升、水盆·坏各四口、槲八把、匏四柄、調薦二枚。
八衢祭	臨時祭		大刀八口、弓八張、箭八具、鞆八枚、五色薄施四十疋、腊·海藻·海松·滑海藻各八篭、棚四脚。
宮城四隅疫神祭	臨時祭	宮城の四隅	五色薄施各一丈六尺、倭文一丈六尺、木綿四斤八両、麻八斤、庸布八段、鍬十六口、牛皮·熊皮·鹿皮·猪皮各四張、米、酒各四斗、稲十六束、鰒·堅魚各十六斤、腊二斗、海藻·雑海菜各十六斤、塩二斗、盆四口、坏八口、匏四柄、槲十六把、薦四枚、藁四囲。楉棚四脚、杋一枝。
畿内堺十処疫神祭	臨時祭	畿内の境	堺別五色薄施各四尺、倭文四尺、木綿、麻各一斤二両、庸布二段、金·鉄人像各一枚、鍬四口、牛皮·熊皮·鹿皮·猪皮各一張、稲四束、米·酒各一斗、鰒·堅魚·海藻·滑海藻各四斤、雑海菜四斤、腊五升、塩五升、水盆一口、坏二口、匏一柄、槲四把、薦一枚、藁一囲、輿篭一脚、杋一枝、担夫二人。
蕃客送堺神祭	臨時祭	畿内の境	五色薄施各四尺、倭文二尺、木綿、麻各二斤、庸布四段、鍬四口、牛皮·熊皮·鹿皮·猪皮各二張、酒二斗、米四升、鰒·堅魚各二斤、海藻四斤、腊八斤、塩四升、稲十二束、水盆二口、坏四口、匏二柄、薦二枚、藁四囲、槲八把、木綿四両、麻一斤、酒六升、米四升、鰒·堅魚各一斤、雑海菜二斤、腊一斤、塩一升、水盆·坏各二口、匏一柄、食薦二枚、槲十把、韗篭一口、杋一枝、夫二人。
障神祭	臨時祭	京城の四隅	五色薄施各一丈二尺、倭文一丈二尺、木綿、麻各十二斤、庸布八段、熊皮·牛皮·鹿皮·猪皮各四張、鍬十六口、米·酒各四斗、稲十六束、鰒·堅魚·海藻各八斤、腊·塩各二斗、水盆四口、坏八口、匏四柄、槲十二把、薦四枚。
野宮鎮火祭	斎宮	野宮の四至か?	五色薄施各四尺倭文四尺、庸布二段、木綿五両、麻一斤、鍬四口、酒四升、鰒一斤五両、堅魚一斤五両、腊四升、塩二升、海藻一斤五両、盆四口、坩四口、坏四口、槲四把、匏四柄、薦一枚。
野宮道饗祭	斎宮	野宮の四至か?	五色薄施各一丈、倭文四尺、庸布二段、木綿一斤十両、麻七斤五両、鍬四口、牛·猪·鹿·熊皮各二張、米·酒各四斗、稲四束。鰒二斤五両、堅魚五斤、腊八升、塩二升、海藻五斤、盆四口、坏四口、藁四囲、薦一枚。

表6　『延喜式』に見える主な境界祭祀
※獣の皮を料物とするものは、数ある祭祀の中でも境界祭祀に限られている。

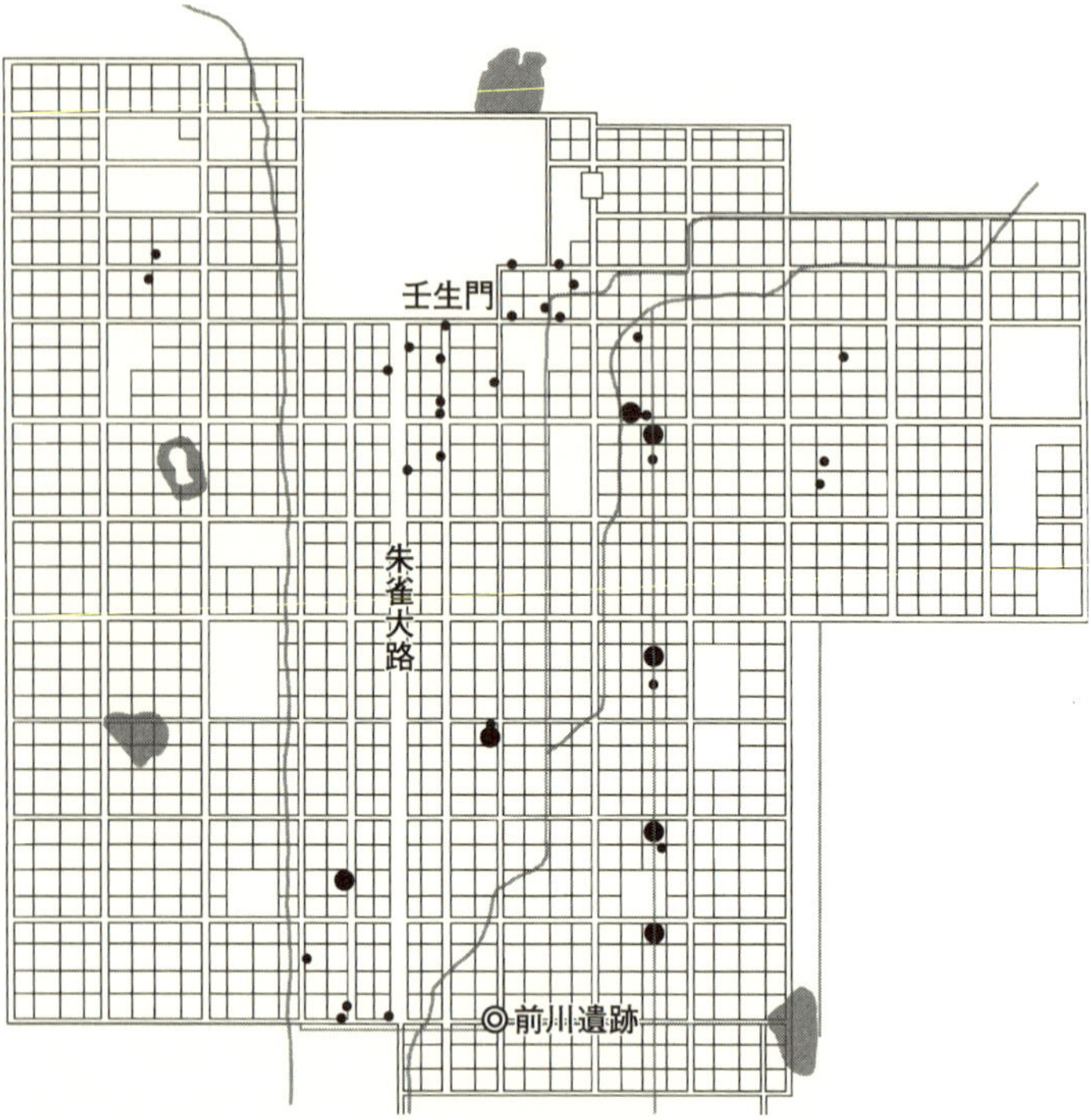

図35　前川遺跡と平城京内の祭祀遺物出土地点。

これらの遺構は宅地ではなく、羅城門付近の九条大路の路面で検出されたことから、発見当初から道路上でおこなわれた何らかの祭祀に伴う遺跡と評価された。のちに道饗祭との関係も指摘されたが、近年、奈良文化財研究所の神野恵さんの研究により、天平パンデミックのときにおこなわれた、道饗祭の形跡である可能性が指摘された。

①出土土器の時期が、天然痘が流行した時期と重なること
②ほぼ未使用の土器が多量に出土し、それも同時に

捨てられたと考えられること
③食器類が大半を占めていること
④見つかった遺構が九条大路の路面上であることから、路上でおこなわれた祭祀で用いられたと考えられること
⑤大嘗祭では祭祀用の井戸を掘る例が認められ、路面上の井戸も国家的な祭祀との関係が推察できること

などが、これらの遺構・遺物と道饗祭を結びつける主たる理由である。

なお、この位置から北へ向かうと天皇が暮らす内裏の正面にある平城宮の壬生《みぶ》門に突き当たる。平城京に迫りくる天然痘を、なんとかこの場所で食い止めようとしたのではないかと、神野さんは想定している。

疫病の治療法

現在のような医学が発展していなかった古代。疫病が蔓延《まんえん》すれば人は、ただ神仏に祈るだけだったと思われがちであるが、実はその治療法が研究され、薬が作られ政府から人々に処方、伝達されていた。天平七年（七三五）に続き、天然痘が蔓延し、多くの死者がでた天平

九年六月には、太政官が諸国に対して、具体的な治療法を指示している（『類聚符宣抄《るいじゅうふせんしょう》』第三「疾病事」天平九年六月二六日「太政官符」）。七条からなる治療法は、次のとおりだ。

第一条　患者が水を欲しがっても、けっして冷水を飲ませてはならない。
第二条　体を温かくし、冷やしてはいけない。
第三条　患者を地面に寝かせてはならない。必ず、床の上に敷物を敷いて寝かせること。
第四条　重湯、粥《かゆ》、煎飯《いりめし》、粟《あわ》などの汁を食べさせること。鮮魚・宍（肉）や生野菜を食べてはいけない。生水を飲んだり、氷を口にしたりしてはいけない。
第五条　無理をしても食事をさせること。あぶった海松《みる》（海藻）や粉にした塩を口に含ませるのはよい。
第六条　回復後、二〇日を経過すれば、火を通した魚や肉は食べてもよいが、鯖《さば》や鯵《あじ》はたとえ干物でも駄目である。蘇《そ》（乳製品）や蜜は食べてもよい。
第七条　（薬効がない）丸薬や粉薬を飲んではならない。胸が熱ければ、人参《にんじん》湯だけにすること。

この治療法は臨床経験に基づくと考えられるが、果たして、どれほど効果があったのだろうか。そのことを示す記録は残されていない。

衢の祭祀の広がり――陰陽師による境界祭祀

道饗祭は、国家の正式な儀礼であり、京の四隅の大路上で定期的におこなわれたものだ。疫病が流行した場合は、国家の命令により、臨時的に諸国の国司が執りおこなうこともあったが、原則、定例的な国家祭祀である。しかし、そこで祀られた八衢比古神、八衢比売神、久那斗神の三神の信仰は、律令制に基づく祭祀とは、形を変えつつ各地に広がっていった。そして、本章の冒頭でも述べたように、中国の思想などの影響も受け、衢の神の信仰、いわば境界信仰として、庶民の間にも浸透していく。

平安時代以降、衢における祭祀は、次第に多様化し、平安京でも道饗祭を陰陽道《おんみょうどう》により構築しなおした、四角四境祭《しかくしきょうさい》がおこなわれるようになった。四角四境祭は延喜一四年（九一四）以降、国家による正式な祭祀としておこなわれたことが、史料に現れるようになる。

平安時代に三善為康《みよしのためやす》が詩文・宣旨《せんじ》（朝廷が出す文書の一種）などの文書を分類して編纂した『朝野群載《ちょうやぐんさい》』によると、天暦六年（九五二）六月二三日に、御所の四隅と、和邇堺《わにざかい》（滋賀県大津市　北国《ほっこく》街道の入り口・近江国境）、會坂堺《おうさかさかい》（同・東海道と東山道の入り口・近江国境）、大枝堺《おおえさかい》（京都府亀岡市　山陰道の入り口・丹波国境）、山崎堺《やまさきさかい》（京都府大山崎町　山陽道の入り口・摂津国境）の四堺に、陰陽寮の官人が派遣され、四角四境祭が執りおこなわれたという。

これが、鎌倉時代になると、鎌倉にも導入された。『吾妻鏡』によると、元仁元年（一二二四）一二月二六日に、三代執権北条泰時《やすとき》が、鎌倉に疫病が流行したことから、六浦《むつうら》（横浜市金沢区）、小坪《こつぼ》（逗子市）、稲村《いなむら》（鎌倉市稲村ケ崎か）、山内（鎌倉市巨福呂坂《こぶくろざか》か）の四境で、四角四境祭を執行させたとある。さらに、嘉禎元年（一二三五）に四代将軍藤原（九条）頼経《よりつね》が疱瘡《ほうそう》にかかった際にも、巨福呂坂・小坪・六浦・片瀬（藤沢市）を四境とする四角四境祭がおこなわれている。

道饗祭も四角四境祭も都市に疫病などが入ってこないように、その四至《しし》で執りおこなわれる儀礼であることから、同一視されがちであるが、道饗祭が神祇官の卜部《うらべ》が宮城《きゅうじょう》の四隅で疫神を饗応する定例的な祭祀であるのに対し、四角四境祭は陰陽道により、疫病神による災厄を祓う臨時的な祭典という違いがある。また、儀式の方法も両者は異なっている。

ただ、道路を通ってやってくる災いを、境界で祭祀をおこなうことにより食い止めるという思想は、両者ともに共通し、こうした思想が民間レベルの衢の祭祀にもつながっていったと考えられる。

駅路に埋められた土器

東京都国分寺市の東山道武蔵路跡では、道路の側溝が埋没した後に掘られた穴から、口縁を重ね合わせた二つの須恵器杯が出土している。平安時代のもので、下のほうから出土した須恵器側面には「(久)」の墨書があり、これは道饗祭で祀られる三神のうち「久那斗」を示す可能性が指摘されている。先に見たように、道饗祭は大規模な神人共食を伴う儀礼であるので、わずか二点の土器の出土から都と同様の儀礼がおこなわれたとは考えられないが、道路上からの出土なので、通行に関わる何らかの祭祀に伴って使われた杯である可能性は高い。出土地点が武蔵国分寺に近接していること（北方約二〇〇メートル、武蔵国府の北方約三キロ）からすると、祭祀の主催者は武蔵国府で、道饗祭を簡略化した祭がここでおこなわれた可能性もある。律令制による祭祀のあり方が、変化している様子を示しているのかもしれない。

閻魔大王の使い——道行く鬼

『日本霊異記』には、道路を往来する鬼の話が三つある。中巻二四話の「閻魔王の使の鬼、召さるる人の賂《まいない》を得て免《ゆる》す縁」、中巻二五話の「閻魔王の使の鬼、召さるる人の饗を受けて、恩を報ずる縁」、中巻三三話の「女人、悪鬼に點《しめ》られて食らはるる縁」である。

前の二つは、閻魔大王の命を受け、寿命がきた人物を連れ去ろう（つまり、あの世に召そう）とした鬼が、その人物から食事を提供されたことにより、本人の身代わりに、別人を閻魔王のもとに連れてゆくという話で、三つめの話は、娘が初めて迎え入れた男（正体は鬼）に食べられてしまうという話である。いずれの鬼も人間の姿をして現れ、人々が生活する場に昼夜関係なく出没している。

また、一二世紀後半に成立したと考えられる『餓鬼草紙《がきのそうし》』には、都大路を徘徊《はいかい》するさまざまな餓鬼が描かれ、『今昔物語集』（巻一四－四二）や『宇治拾遺物語』（巻一－一七）などには、鬼や妖怪などが群れ歩く百鬼夜行《ひゃっきやこう》の話が見られる。先に紹介したように、都の四至では鬼魅を入れないための儀式がおこなわれていたが、人々は、鬼や妖怪などが道路をわが物顔で闊歩《かっぽ》していると考えていたようで、その意識がさまざまな祭祀・信仰を生み出していった。

このように道路を行く魑魅魍魎《ちみもうりょう》の話には、事欠かないのだが、ここでは『日本霊異記』中巻二五話の説話を紹介しよう。

讃岐国山田郡（香川県高松市の一部）に布敷臣衣女《ぬのしきのおみきぬめ》という女がいた。ある日、急病になった衣女は、山海の珍味を調えて家の門の両側に置き、疫病神に贈り物をしてごちそうした。衣女の目的は、わが身に災厄を及ぼしている疫病神（道を通り門をくぐって侵入してくると認識していた）を門前で接待し、お引き取り願うことにより、病を癒やすことだった。そこへ、閻魔大王の使いとして、衣女をあの世に召すために送られた鬼が来た。衣女を捜すのに疲れ果てていた鬼は、門前のごちそうを平らげてしまった。

あの世に連れて行くことになっていた衣女から恩を受けた鬼は、衣女に同姓同名の者に心当たりはないかと尋ねた。衣女は、「この国の鵜垂郡《うたりぐん》（丸亀市付近）に同姓の衣女がおります」と答えた。鬼は衣女を連れて鵜垂郡の衣女の家へ行って女に対面すると、赤い袋から長さ一尺の鑿《のみ》を出して額に打ち立てて、そのまま召し連れて行った。山田郡の衣女はこっそり家に帰った。

閻魔大王は、連れてこられた衣女が自分の召した衣女と違うことを見破り、山田郡の衣女の魂を改めて召し、鵜垂郡の衣女の魂を肉体に還《かえ》そうとしたが、そのときには鵜垂郡の衣女の肉体は火葬されていた。そのため、閻魔大王は山田郡の衣女の肉体に鵜垂郡の衣女の魂を還した。蘇った衣女は、山田郡と鵜垂郡双方の家の娘として過ごし、両方の家の財産を相続して安泰に暮らしたということで、話は一件落着する。話の最後に著者の景戒は、次のようにまとめている。「このように、ごちそうを用意し、鬼に供え物をする功徳は、けっして空しいものではない。およそ財産がある者は、やはり供え物をし、ごちそうするがよい」

このような自らの命を永らえるための祭祀は、律令国家が行う正式な祭祀とは異なる民間信仰だが、発掘調査によって、このような祭祀が各地に広がっていたことがわかった。

千葉県八千代市の権現後遺跡《ごんげんうしろ》から出土した墨書土器は、内面に人面、外面に「村神郷丈部国依甘魚《むらかみごうはせつかべのくにょりあまうお》」と書かれている。八世紀後半の杯で、これは丈部国依が甘魚を神に供献したことを示すのであろう。また、「召代《めししろ》」の墨書のある杯が、千葉県や福島県の遺跡から出土している。召代は「あの世に召される代わり」の意味と考えられる。これらの土器は、衣女のように、鬼への供え物として、ごちそうを入れて門前に置いた杯と考えられる。

また、兵庫県朝来《あさご》市の柴遺跡からは「過〇左方門立」と書かれた一〇世紀の木簡が出土している。文字どおり、門前の左に立てられた木簡と考えられ、衣女が山海の珍味を門の左右に供えたことを連想させる。同種の木簡は、このほかにも認められており、滋賀県能登川町の上山神社《うえやまじんじゃ》遺跡から出土した一二世紀末の木簡（「左方」）、新潟県白根市馬場屋敷遺跡の中世の木簡（「公門立」）などがある。『日本霊異記』に記されていることから、平安時代初めにはこのような風習があったことが知られるが、それが各地へ展開したのは、納税や労役のために大勢の人が都を訪れたからだろう。こうした都と地方との往来により、信仰も含むさまざまな情報が各地へ広がったと考えられる。

天平パンデミック

平城京で見つかった最も有名なゴミ穴を紹介しよう。それは、長屋王家木簡とともに日本古代史を書き換える発見ともいわれた「二条大路木簡」が出土した二条大路の路面で見つかったゴミ穴だ【図36】。

左京二条二坊五坪と左京三条二坊八坪の間を東西に通る二条大路の南北の両端に、道路側溝に並行してその内側に掘られた三つのゴミ穴（二条大路南端の東西大溝SD五一〇〇　幅二・六～三・五メートル、深さ〇・九～一・二メートル、長さ一二〇メートル、二条大路北端の東西大溝SD五三〇〇　幅二～二・三メートル、深さ一～一・三メートル、長さ五六メートル、二条大路北端の東西大溝SD五三一〇）から出土した木簡は、総数約七万四千点にのぼる。年号が書かれたもののほとんどは天平三年（七三一）以降のもので、天平七～八年（七三六）をピークとし、天平一一年（七三九）を下限としている。

図36　二条大路木簡が出土したゴミ穴（奈良文化財研究所提供）

その木簡の一つに、次のような内容のものがある。

（表）南山之下有不流水其中有
　一大蛇九頭一尾不食余物但
　食唐鬼朝食三千暮食
（裏）八百　急々如律令

九頭の蛇に唐鬼（中国で疫病の原因と考えられていた瘧鬼《ぎゃくき》か）をたくさん食べてもらおうと願いを込めた呪符と考えられている。このゴミ穴からの木簡の出土数が増加する天平七年（七三五）は、都で天然痘が大流行した年で、最も新しい年号が認められる天平一一年の前々年は、都を襲った二度目のパンデミックの年だ。この木簡そのものには年号が書かれていないが、天然痘の猛威を恐れた人がパンデミックの終結を願って書いたと推察されている。このほかにも人形《ひとがた》などの祭祀遺物が出土しているので、この遺構に多量のゴミが投棄されたのは、天然痘の流行と関係する可能性が指摘されている。

3　道路側溝に残る祭祀の痕跡

穢れは海に？——水に流す祭祀

『延喜式』「大祓祝詞」には、

遺《のこ》る罪はあらじと祓え給い清め給う事を、高山・短《ひき》山の末より、さくなだりに落ちたぎつ速川の瀬に坐す瀬織津比咩《せおりつひめ》といふ神、大海原に持ち出でなむ。

とある。これは、水に流すという行為が、「穢《けが》れを海へ流し祓う」意味だったことを示している。平城京では六月と一二月の晦日《みそか》に朱雀《すざく》門の前、つまり朱雀大路上で大祓《おおはらえ》という儀式がおこなわれていた。『続日本紀』養老五（七二一）年七月四日条に、

始めて文武《ぶんぶ》の百官《ひゃっかん》をして妻女《さいじょ》・姉妹《しまい》を率いて、六月《みなづき》・一二月《しわす》の晦《つごもり》の大祓《おおはらえ》の処《にわ》に会《つど》へしむ。

とあることから、奈良時代には定期的におこなわれていたことが知られるが、その起源は『日本書紀』天武五年（六七六）八月一六日条に見える、

四方《よも》に大解除《おおはらえ》せむ。

と考えられ、恒例化するのは大宝二年（七〇二）一二月三〇日の大祓からとされている。
大祓はすべての国民の穢れを祓うための儀式であり、『律令』「神祇令」によると、中臣《なかとみ》は御祓麻《おおぬさ》（祓に使う麻）を奉り、東文直《やまとのふみのあたい》氏と西文首《かわちのふみのおびと》氏は祓の刀を奉り、祓詞《はらえごと》を読む。それが終わったならば、百官の男女は、祓所に集合し、中臣は祓詞《はらえごと》を宣し、卜部は解《はら》え除きをすることとされていた。また、大祓の前には、『延喜式』「左右京式」の以下の条文から清掃がおこなわれたことが知られる。

凡そ六月・一二月の大祓は、預《あらかじ》めその処を掃除せしめ、また兵士をして人の往還するを禁ぜしめよ。


神聖な儀式を行うための「清め」と考えられる。

『延喜式』「神祇式」四時祭上には、大祓に用いる料物《りょうもつ》（儀式に使う資財）の一つとして金銀塗人像各二枚、贖物《あがもの》（罪や穢れをあがなうために神に差し出すもの）の一つに鉄人像二枚を用いることとの規定が見える。これはおそらく金属で作った人形のことだろう。発掘調査でも都城の道路側溝からまれにこうした金属製の人形が出土している。

流された祭祀の道具

実際に大祓がおこなわれた朱雀門や壬生《みぶ》門の発掘調査では、道路側溝から、この儀式に用いられたと考えられる多量の祭祀遺物が出土している。

壬生門前を通過する二条大路北側溝からは、人形二〇七点、刀形・鳥形・舟形各一点が出土している。人形の中には顔を墨書で表現した例、顔だけでなく冠や衣服まで表現した例、表面には呪語、裏面には「重病受死」と墨書した例などもある。こうした祭祀具は、どうやら大祓以外でも用いられていたようで、平城京内では、大祓の場であった朱雀門や壬生門以外でも、常時水が流れている道路側溝や運河から人形などがまとまって出土している。これらは、平城京の住人たちも、大祓に類する儀式を銘々におこなっていたことを示すと考えられ、京内の至るところに祭祀の場があった可能性がある［図35・37］。

また、これらの祭祀は、「穢れを海へ流し祓う」ためのもので、祭祀の場では人形を一撫《いちぶ》一吻《いっぷん》（撫《な》でた後に息を吹きかける）することによって、罪、穢れや悪気をそれに移し、水に流すのが一般的な使用方法であった。

また、平城京外の大和郡山市稗田《ひえだ》遺跡で多量の祭祀遺物が出土した。この遺跡は『続日本紀』にも

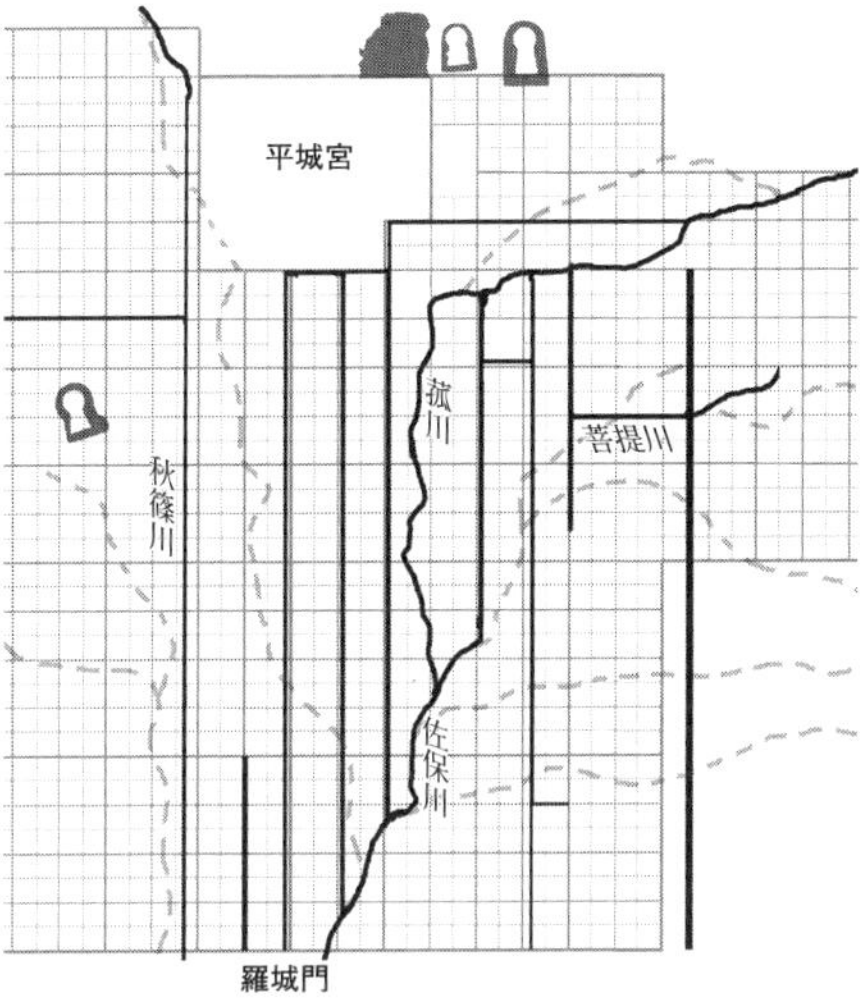

図37　平城京の基幹水路
平城京内に流れ込む、佐保川、菰川、菩提川、秋篠川などの自然河川を条坊に合致するように付け替えるとともに、そこから分岐させた水路を条坊道路側溝とすることにより、計画的な水路網を形成していた。基幹水路は、南北方向のものが多く、左京では1～1.5坊間隔で設けられた。祭祀遺物はこれらの基幹水路から多く出土する傾向がある。

図38　稗田遺跡出土の祭祀遺物（奈良県立橿原考古学研究所附属博物館蔵）
人形、墨書人面土器、土馬、斎串などさまざまな祭祀具が出土した。土馬は雨乞いの儀式に用いられたという説と、疫病神の乗り物で災厄を祓う儀式に用いられたとする説がある。

その名が見える京城門外の三橋《みつはし》のあった場所と考えられる。三橋は平城京の南の境界の一つで、外国使節の出迎えの場としても利用された。発掘調査で人工河川とそこに架かる橋が見つかっており、河川からは墨書人面土器や人形、土馬、斎串《いぐし》、ミニチュア竈などの祭祀遺物が出土している。これらから祭祀の場として利用されていたことがわかる。三橋の性格からして、そこでおこなわれた祭祀は、外交使節など外からやって来る人々に憑《つ》いた穢れを流すためと考えられるが、それだけでなく、京南側の境界祭祀もおこなわれていたと考えられる［図38］。

先に紹介した前川遺跡は平城京南辺の境界に位置し、大祓がおこなわれる朱雀門と壬生門は京と宮との境界に位置している。このことは、大祓も境界を意識した儀式であったことを示している。

変わりゆく祭祀のかたち

人形などの祭祀具の出土は、量、種類ともに奈良時代にピークを迎える。平城京はもちろんのこと、諸国の国府や郡家《ぐうけ》付近にも、流れに面して祭祀の場が設けられ、そこからは、人形などの遺物がまとまって出土することがある。分布は、北は秋田城（九世紀中ごろ）、南は大宰府（八世紀）で、出土遺跡は一〇〇を超える。

しかし、平安遷都後は人形の出土量が減少へと向かい、一〇世紀になるとほぼ認められなくなる。これは人形などの祭祀が律令制に規定されたものであって、律令制が弛緩《しかん》すると、次第に人形を用いた祭祀がおこなわれなくなるということも指摘できようが、先に見た四角四境祭が一〇世紀に成立するように、祭祀が律令で定められた形式から、陰陽道や密教によるものに変化したことも要因としてあげられる。

また、平城京や長岡京では、常時水が流れている道路の側溝、中でも大路が交差する付近、すなわち衢（境界）での人形の出土が多いが、平安京では、溝・井戸・自然流路から出土している。衢でおこなうことや、祭祀具（穢れ）を水に流すことが重視されなくなったことがわかる。

古代人の顔

人形、刀形・鳥形・舟形など人や動物、器財の形を模した祭祀具は形代《かたしろ》と呼ばれ、神霊が依り憑《つ》く対象物である。古墳時代には石で鏡や刀などで作った模造品が認められるが、藤原京の成立ごろから木製の人形をはじめとする新しいタイプの形代が成立し普遍化する。

墨書人面土器も穢れや病を祓う意味があったと考えられる。墨書人面土器は、弱々しい顔、引き締まった顔、目を見開き猛《たけ》り狂った顔などさまざまな表情が描かれている。弱々しい顔のものは、病にかかった人物がそれを祓うために、衰弱した自分の顔を描いたものという説があり、猛り狂った顔は異国の鬼の顔を表し、わが身に取りついた穢れそのものの意味があったと考えられている。絵巻物などの絵画史料が乏しい飛鳥・奈良時代において、人々のさまざまな表情を知ることができる数少ない資料でもある。

側溝に捨てられたゴミ

古代都市では、道路上でさまざまな祭祀がおこなわれていた。祭祀の中には道饗祭のように、大規模な神人供食がおこなわれるものや、大祓のようなさまざまな道具を必要とするものがあった。これらの食器や道具は、祭祀が終わると穴を掘って埋められるか、道路側溝に流された。それらが発掘調査で見つかれば、当時の祭祀の一端が明らかになってくるのだ。また、側溝や道路に祭祀に使った道具を投棄したり、埋めたりすることは、古代の法律では許容されていたようだ。『延喜式』には、道路の掃除に関する規定はあるものの、側溝への投棄についての罰則規定は見あたらない。

それどころか、道路側溝は下水道の役割も果たしており、藤原京や平城京では、側溝の水を屋敷地に引き込み、下流で再び側溝に流れ込むように掘られた溝が見つかっている。このような遺構は「水洗式のトイレ遺構」と評価されており、溝内の土から多量の寄生虫卵が見つかっていることから、それと裏づけられている［図39］。

図39　藤原京右京九条四坊のトイレ遺構（橿原市提供）

また、『続日本紀』慶雲三（七〇六）年三月一四日条には、

京城《きょうじょう》の内外に多く穢臭《えしゅう》有り。

という記事が見える。「穢」とは、穢れや汚れといった意味で、この記事を京内に嫌な臭いが漂っていたことを示すと理解し、その原因を当時のトイレの構造と結びつける見方がある。さらに、このことが藤原京から平城京への遷都の理由の一つであったとする見方もある。『延喜式』「弾正式《だんじょうしき》」には「樋《とい》を置きて水を通し、汚《お》

図40　左京三条一坊四坪の橋の下に集められた土器（奈良県立橿原考古学研究所提供）

穢《え》を露《あら》わすなかれ」とあるが、この規定も側溝には糞尿などの汚穢が流れていることを前提としたものである。

つまり、人形などを流す道路側溝は、下水道も兼ねており、異臭がしていたと思われる。ただし、道路側溝で祭祀がおこなわれていた奈良時代は、側溝の清掃が比較的、よくおこなわれていたようで、出土する遺物の多くも、奈良時代末から一〇世紀のものであるなど、都であったころのものは、さほど多くなく、道路は側溝も含めて維持管理がそれなりにおこなわれていたことがわかる。

逆説的な言い方になるが、一例をあげよう。左京三条一坊四坪では、朱雀大路東側溝をまたぐ橋の下から、土器が複数出土している。出土範囲が橋の下に限られていること、人形などの祭祀遺物を伴わないこと、土器の種類も雑多であることから、側溝内に捨てられたゴミ（土器）だと考えられる。それらが、橋の下からまとまって見つかるということは、意図的に隠したこと、つまり本来ならば、こうしたゴミは片付けなければならなかったことを示していると考えられる［図40］。

しかし、平安時代になると、側溝から多量の遺物が出土するようになり、中には人骨など信じがたいものまで出土している。また、文献史料によると、死体が流れていた話（『本朝世紀《ほんちょうせいき》』正暦五年〈九九四〉五月三日条）、死児が道路側溝を伝って播摩守（藤原説孝《ときたか》）宅に流入した話（『小右記《しょうゆうき》』長和二年〈一〇一三〉二月二四日条）なども見られる。

鎌倉時代、鎌倉の町もそれとよく似た状況にあった。道路側溝から多量の遺物が出土し、陶片や木っ端、食物残滓、牛馬の骨などが出土している。また、幕府が弘長元年（一二六一）に発出した『関《かん》東新制条々《とうしんせいじょうじょう》』に、

一　病者・孤子等・死屍等於路辺に弃《す》つるを禁制可き事

とあるように、病人や捨て子、死体が道路に捨てられていたようである。

側溝からの出土品は、不要品として投棄された可能性が高いが、『延喜式』や鎌倉幕府が発出した法令に、道路の清掃は義務づけられていても、道路への物の投棄を禁止している条項は認められない。その理由として、これらの投棄行為が、祭祀とみなされていた可能性が考えられる。

室町～戦国時代になると、屋敷地内にゴミ穴が掘られ処分される例が増加し、側溝内からの出土遺物は減少するようだ。大坂城下では、宅地と宅地の間に、上下水道が造られ（背割り水路）、道路側溝が下水道としての役割を失う例が現れる。そして、江戸時代、幕府は、水路へのゴミの投棄を禁じる

お触れを出し、また江戸の永代島でゴミ処理もおこなった（寛文二年〈一六六二〉など）。

側溝から出土する遺物は、どこまでが祭祀関連と扱えるのかという判断は難しい。ただ、多量の土器を用い、使い捨てする儀礼や祭祀は、奈良時代以降もおこなわれており、一三〜一五世紀に神社など神聖な場所でおこなわれた、集団の団結のための儀式「一味《いちみ》神水《しんすい》」は、各地で実施されたようで、発掘調査でも、この時期の土坑や溝などから、ほぼ使用されていない皿が多量に出土する例が確認されている。

また、道路沿いには、信仰の対象となる地蔵や石塔なども置かれるなど、神人共食の場が複数あった。そのときに用いられた食器などが側溝に捨てられた可能性も否定できない。道路側溝から出土する遺物の性格について明らかにすることは難しいが、祭祀や儀礼との関わりも視野に入れつつ、分析していく必要があるだろう。

4　神仏との出会いの場としての道路

清らかな道

多くの神社の入り口には、鳥居が立てられている。鳥居は人間が住む俗界と神域との境を示すものだ。鳥居の起源には諸説あり、はっきりとしたことはわからないが、その存在を示す史料には、『正倉院文書』の「造大神宮用度帳案《ぞうだいじんぐうようどちょうあん》」がある。年月日を欠くが、紙背文書の年代から天平神護二年（七六六）の伊勢神宮造営準備に関わる文書と評価されている。神宮諸殿の装飾のための調度金物の数量・寸法・形状などを示した文書で、そこに「鳥居桁端枚銅十枚」とあるので、このとき、伊勢神宮には桁端に銅板を貼った鳥居があったことがわかる。

鳥居から先の参道には、玉砂利が敷かれるなど、沿線の景色も含め、他の道とは異なる雰囲気を醸し出している。いつから参道に石が敷かれるようになったかは定かでないが、本薬師寺や山田寺などの寺院では、遅くとも七世紀後半には参道に石や瓦を敷いていることが確認されている。また、神社の参道の発掘例は乏しいものの、神奈川県伊勢原市、秦野市、厚木市境にある山岳信仰の対象とされた大山《おおやま》では、参道と考えられる一三〜一四世紀に造られた石敷道路が見つかっている（伊勢原市№.1 63遺跡）。道路は、大形の川原石を縁石として一直線に配し、路床に人頭大の川原石を敷き詰めたもので、道幅三・六〜三・八メートルで、周辺の地面より一段高く造られている。

古道といえば、石畳道をイメージする方も多いだろうが、これらの多くは江戸時代以降、主に山地を通過する区間に用いられたもので、通常の道路は近世でも砂利と砂を用いた踏みしめ道で、石敷の道路はきわめて限られていた。

参道の建設に関わる著名な史料に、『吾妻鏡』寿永元年（一一八二）三月条がある。

鶴丘の社頭より由比浦《ゆいのうら》に至るまで、曲横を直して、詣往《けいおう》の道を造る。是日来《にちらい》御素願《そがん》たりと雖《いえど》も、自然《じねん》日を渉《わた》る。而《しか》るに御台所《みだいどころ》（北条政子）御懐孕《かいよう》の御祈に依りて、故に比儀を始めらるるなり。武衛《ぶえい》（頼朝）手自ら之れを沙汰《さた》せしめ給う。仍《よ》って北條殿以下、各《おのおの》土石を運ばらると云々。

これは、鎌倉のメインストリートといえる若宮大路の築造を記したもので、鶴岡八幡宮と由比浦とを結ぶ長大な詣往道、すなわち参道敷設の記事だ。一三世紀以降、鎌倉では若宮大路を基軸とし、これに並行あるいは直交する道路網が形成された。参道を基軸とした街づくりと、点在する複数の寺院は、宗教都市としての鎌倉の一面を示している。

琉球王朝の石畳道

一五世紀初頭、琉球を統一した尚巴志《しょうはし》は首里《しゅり》を都と定め、その周辺の整備を開始した。そのとき、首里城の正門から那覇港へ向かうために「綾門大道《あやじょうふみち》」という道路が造られた。琉球王朝で初めて造られた計画道路だ。道幅は約一二メートル。路面には石灰岩を砕いた粉を敷き、樹液を散布して固く締めた白い道だった。一五二二年には、倭寇から那覇港を守るための軍用道路として、この道はさらに整備された。それが、現在も残る首里金城《きんじょうちょう》町の石畳道だ。首里から那覇港や沖縄本島南部へ通じる主要道路として造られた「真珠道《まだまみち》」の一部で、二〇~三〇センチほどの琉球石灰岩を組み合わせて敷いている。

その後も、琉球王国による首里を起点とした道路整備が進められるが、薩摩による琉球侵攻後には、「宿道《すくみち》」と呼ばれる道路網を整備した。宿道は沖縄本島を網羅するように六路線造られ、道幅は八尺（約二・四メートル）で、道の両側に六尺（約一・八メートル）の幅がとられ、そこにはリュウキュウマツの並木が設けられた。路面を石畳とする区間も認められ、特に浦添市を通過する中頭方西海道《なかがみほうせいかいどう》は、石橋を含め往時の様子が再現されている。

道路を造って功徳を積む

頼朝は「御台所御懐孕の御祈り」のため、舅《しゅうと》の北条時政とともに自らも若宮大路の建設に参加した。また、頼朝は稲毛《いなげ》重成《しげなり》が相模川に架けた橋の竣工式の帰りに、落馬したことが原因で死に至ったとも伝えられるが、この橋は重成が亡き妻の供養のために架けたものだった［図41］。このように、鎌倉時代初期には、祈願や供養、あるいは贖罪《しょくざい》のために道路や橋の普請をおこなった記録が散見される。

奈良時代の高僧、行基は六つの架橋事業をおこなったことが知られ、そのほか宇治橋を架けたと伝えられる道登《どうとう》など、僧侶が道路や橋の建設を主導した例が認められる。交通施設の整備など、庶民の役に立つ事業をおこなうことが、仏教の布教活動において重要な役割を果たしたことを示す。

頼朝は信仰心が強い人物であったとも伝わるが、彼による道路事業は新たな町づくりという現実的な取り組みだけでなく、多くの人の役に立つ事業を主催することによって、功徳を積むという意味もあったと考えられる。

なお、『吾妻鏡』文治《ぶんじ》三年（一一八七）三月一〇日条には、

（梶原）景時は讒訴《ざんそ》の科《とが》に依《よ》りて、鎌倉中の道路を作る可《べ》しと云々、（藤原）俊兼《としかね》之を奉行す。

とあり、翌四年五月二〇日条には、

図41　旧相模川橋脚
1923年に発生した関東大震災と翌年の丹沢地震による液状化現象で、水田の地表に現れた。史跡、天然記念物に指定されている（茅ヶ崎市教育委員会提供）

> 八田《はった》右衛門尉《うえもんじょう》知家《ともいえ》の郎従庄司太郎を、大内の夜行番に遣はさるるの処《ところ》、懈緩《けかん》の由《よし》風聞にせしむるに依りて、早く其身を使庁《しちょう》に召進《しょうしん》す可《べ》きの趣《こと》、今日定綱《さだつな》に仰遣《おおせつか》はさる、此上鎌倉中の道路を造る可きの旨、知家に仰せらると云々。

という記事がある。これは信仰につながるとはいえないものの、鎌倉時代には御家人に罰として道路建設という「公への奉仕」を命じることがあったことがわかる。

神仏と道路

道路は、いわば移動のために人工的に造られた地上の空間である。土地区画の基準線となったり、ライフラインが併設されたりする場合もあるが、本来の目的は通行にある。ただ、道路を通行するのは、人だけではないと認識されていた。人々に幸せをもたらす神も、災いをもたらす神も、正体不明な魑魅魍魎《ちみもうりょう》の類いまで、道路を使ってやってくると信じられていた。そのため、道路ではそうした神々に対処するため、官民それぞれが祭祀をおこなってきた。

異世界からやってくる神と人とが最初に交わる場所は、異世界との境界と考えられていた衢で、そこでは遅くとも飛鳥時代には、定例的あるいは臨時的に祭祀や儀礼がおこなわれ、寺社が建立されたり、石造物などが立てられたりした。これらは、境界を通って侵入する悪神や魑魅魍魎を追い払うため、あるいは良い神を迎え入れるためのものだった。また、四角四境祭が宮の四隅（四角）と都市の四至（四境）に悪神が寄りつかないよう結界を張る儀式であるように、平城京における、三橋―羅城門―宮城門といった具合に、複数の衢に祭祀の場を設けて何重にもバリアを築くことがあった。

これとは逆に、利益をもたらしてくれる神仏には、人間のほうから会いに行った。そこに向かう道には、道標となる塔婆や灯籠などが立てられ、道路そのものも整備された。また、沿線住民が参詣者をもてなすことによって、功徳を積むという行為もおこなわれ、沿線は賑わいを見せることになる。こうした神に会いに行くための旅が活発化することにより、道路と沿線の整備が進み、町が発展していった。つまり、信仰は交通を活発化させ、道路と沿線とを整備させるという側面を有していたのだ。

このように、道路を理解するうえでは、信仰という視点を切り離すことはできず、信仰という視点も含めて交通史を考えることにより、往来の歴史の側面をとらえることができるのだ。

コラム

広告の話

現在、道を歩いていると、ポスターや看板など実に多くの広告に出くわす。また、さまざまな行事案内などを貼りだす掲示板を見かけることも多い。こうした道沿いの広告や掲示板の歴史は古い。江戸時代には、幕府や領主が決めたことなどを木の板札に書き、一般の人の目に留まるように、高く掲げておく高札場が設けられた。高札場は主要な街道の宿場や、衢に設けられる場合が多く、現在でもその跡は「札ノ辻」などと呼ばれている場合がある。

高札場が設けられるのは江戸時代からだが、室町時代には禁止事項や布告を書いて辻や人通りの多い道、寺社などに立てた制札《せいさつ》があった（『大乗院寺社雑事記《だいじょういんじしゃぞうじき》』明応二年〈一四九三〉二月廿八日）。この制札の起源と考えられるのが、加茂遺跡（石川県津幡町）から出土した「加賀《かが》郡牓示《ぐんぼうじ》札《ふだ》」だ。出土した場所は古代北陸道の西側溝につながる大溝。牓示とは立てること、掲示することなので、出土した場所のすぐそばにあった北陸道とそれに直行する道路との交差点に立てられていたらしい。その内容は、百姓の心得などを記したいわゆるお触書で、末尾には嘉祥二年（八四九）二月一二日の日付と、この命令を伝えたと考えられる丈部浪麿《はせつかべのなみまろ》の名が見える。

また、現在の広告につながるものとしては、平城京など古代都市の市に立てられた商品名を書いた「標《ひょう》」があげられる。関や市について取り決めた『律令』「関市《げんし》令」には、凡そ市は、肆毎《いちぐらごと》に標立てて行名《ぎょうみょう》題《しる》せ。市の司貨物《かもち》の時の価に准《なぞら》へて、三等に為《つく》れ。十日に一簿《ふ》を為れ。市に在りて案記《あんぎ》せよ。季別《きごと》に各本司に申せ。

とある。肆とは売り場のことで、行名とは商品名のこと、それを書いた「標」を売り場ごとに立てるよう命じたものだ。たとえば、絹売り場とか、布売り場といった具合だ。また商品は品質に応じて、上中下の三ランクに分けて、それぞれにつき実際の取引価格を記録し、市を管理する左右京職に報告することが定められている。

「標」とは木の札のことだと思われ、市には「絹肆」などと書かれた大きな木の札がたくさん並んでいたと考えられる。残念ながら、現在までこのような札は出土していないが、平城京内からは、広告と思われる木簡がいくつか出土している。

最も著名なものは、盗まれたあるいは逃げられた牛馬を探すものだ。次に紹介する二つの木簡は、一条南大路と東三坊大路の交差点付近の溝から出土した、平安京への遷都後の九世紀の木簡だ。

①告知　往還諸人走　失黒鹿毛牡馬一匹在験片目白 額少白

件馬以今月六日申時山階寺南花薗池辺而走失也　九月八日

若有見捉者可告来山階寺中室自南端第三房之

②〔往還カ〕□□告知〔被盗カ〕斑牡牛一頭　誌左右本〔爪カ〕在歳六許 応告賜山辺郡長屋井門村　右牛以十一月卅〔一〕聞給人益坐必々可告給

いずれも長さが一メートルを超える大型のもので、下の部分の先は地面に突き立てるために鋭く尖っている。①の木簡には、往来の人々に逃げた馬を見つけたら教えてほしいという内容のもので、片目と額が白いという馬の特徴、今月六日の午後三時から五時の間に、山階寺（興福寺）の南花薗池（猿沢池）付近から逃げられたことが記され、最後に告知者の住所（興福寺中室の南端から数えて三つ目の部屋）が書かれている。

②はどうやら盗まれた牛の情報を求めているもののようだ。書かれている内容は、まるで現在の「迷い犬探しています」といった貼り紙とそっくりだ。

また、奈良時代にも同様の木簡が用いられている。平城宮の南面を東西に走る二条大路に面して宮に入るための三つの門のうち最も西側にある平城宮宮城南面西門（若犬養門《わかいぬかいもん》）地区からも、似たような木簡が出土している。

この木簡は長さ約七〇センチと長大なもので、若犬養門の門前に立てられていたと考えられている。常陸国から都にやって来た公子部牛主《きみこべのうしぬし》なる人物が、天平宝字八年（七六四）八月二七日の夜に、大学寮（宮近くの京内に置かれた官僚育成機関）の近くで、鹿毛《かげ》で、年齢は八歳、後ろ足に特徴がある馬を盗まれたという。もし馬を見つけたり、犯人を知っていたりするならば連絡が欲しいと書かれている。

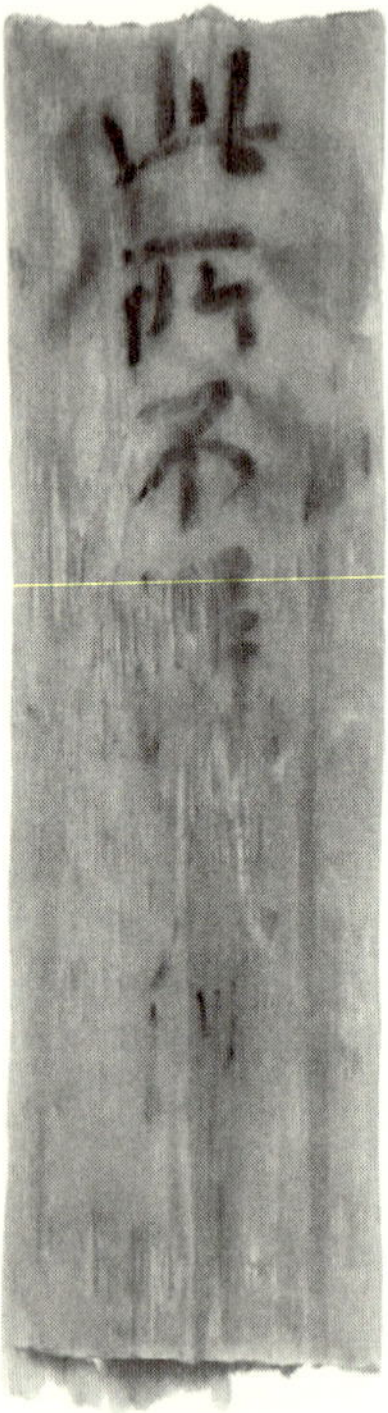

図42　立小便禁止と書かれた木簡

最後に、面白い立札を紹介しよう。

此所不得小便

これは、平城宮第一次大極殿院地区西楼付近から出土したもので、現代風にいえば「立小便禁止」と書かれている。どうやら国家の施策を決定する重要施設である大極殿院で、立小便をする不心得者がいたようだ［図42］。

第4章 権力と道路

1　道路を造り、交通をコントロールする

道路の役割

国土交通省によると、道路の基本的な役割とは、

①人・地域をつなぐ――ネットワークの機能

②地域・まちを創る――空間の機能

の二つだという。①は、人や地域を相互につなぎ、日常生活や観光などの人の移動と生活物資や農林水産品、工業製品などのモノの輸送を支えることであり、②は地域・まちの骨格をつくり、環境・景

観を形成し、日々の暮らしや経済活動などを支える環境を創出することにあるという（道路行政の簡単解説　国土交通省道路局）。

これらの目的を高い次元で達成するための施策群が、広義の道路行政であり、その実現の場が道路ということになる。日本の場合、道路は私道を除き、公共の営造物として、国や地方公共団体などにより造られ管理されている。もちろん、現在の道路づくりは通過する自治体や沿線住民の意向を聞き、合意形成を得ながら進められるが、その建設と維持管理が公によりなされていることには変わりはない。

そして、このような道路のあり方、つまり公が道路を造り、利用のルールを定めることは、遅くとも国による道路網の整備がおこなわれた古代にさかのぼる。

国家と道路

先述したように、現在の道路づくりは地元や沿線住民を無視して進められることはない。しかし、それは現代の日本が民主主義国家であるからであって、中央集権制や封建制の時代は、為政者たちの意思が優先された。

たとえば、古代国家が造り上げた幹線道路網の七道駅路は、中央（都）と地方拠点（国府）とを結ぶ緊急通信網という性質を有していた。そのため、路線は集落を無視し、中央と地方拠点とを最短距離で結ぶよう選定されていた。また、国土の大きさを測ったり、土地区画の基準線としたりするため、可能な限り直線的に敷設され、さらに国家権力の強大さを可視化するために、必要以上に道幅を広くしていた。住民が七道駅路を利用するのは、都に税を納めたり、労役に駆り出されたりして往復したときがほとんどで、日常生活での利用機会は乏しかった。

七道駅路は、日本が律令制による中央集権国家を指向した飛鳥時代後半に造られ、平安時代後半まで利用されていたと考えられるが、中央集権制が立ちゆかなくなり、中央政府の権限の地方への委譲を終えた一〇世紀ごろから、廃絶へと向かった。このことは、七道駅路そのものが政治的な道路であり、地元のニーズとは乖離《かいり》していたことを示しているのだが、逆の見方をすると、中央集権を実現するまでに至った強大な国家は、地域の意向とは関わりなく、大規模な道路網を造り上げることができたということになる。

また、道路づくりというハードだけでなく、道路の利用、すなわち往来についても、国家が関与する場合があった。代表的なものに関（所）がある。古代には、鈴鹿（三重県）・不破《ふわ》（岐阜県）・愛発《あらち》（福井県）の三関《さんげん》が置かれ、通行を管理するとともに、国家の一大事には関を閉じ（固関《こげん》）、通行を遮断した。江戸時代にも街道筋に関所が置かれ、利用者や輸送される品々を確認し、必要に応じて通行を禁止することにより、治安維持を図った。逆に、戦国時代には私的に関を置き、通行料を徴収することが横行したが、それを停止させたのは、織田信長などの権力者だった。これは、往来や物流を活発化させるという経済政策に基づくもので、その実現のためには交通の掌握が不可欠だった。このように、往来の歴史を考えるうえでは、道路を造り、交通をコントロールしようとした権力側からの視点は欠くことはできない。
よって、本書の最後に、権力と道路、権力と交通という観点から往来の歴史について考える。

2　国家形成と道路――支配領域の拡大と交通

前方後円墳と海の道

日本列島で現代の日本につながる国家の形が考古学から具体的に見えてくるのは、三世紀中ごろ、つまり『魏志《ぎし》』に見える卑弥呼《ひみこ》の時代からだ。前方後円墳というこの時代に創出された巨大な墳墓は、のちに畿内と呼ばれる地域や吉備、出雲、北部九州などの勢力の連合政権である倭王権が創出した新たな墓制と考えられている。そして、前方後円墳は、五世紀初頭までの間に、北は宮城県大崎平野、南は大隅半島まで分布していたことが確認されている。

各地域における前方後円墳の出現は、その地域の首長が倭王権へ加盟したことを示すと考えられ、古墳の規模が大きいほど、王権内での地位が高かったと推定されている。前方後円墳の分布範囲は、倭王権の勢力範囲とみなすことができるのだが、前方後円墳が急速に広がった背景には、倭王権によ

図43　五色塚古墳（神戸市文化財課提供）
神戸市垂水区に所在する４世紀末から５世紀初頭築造の全長194メートルの前方後円墳。眼下に明石海峡を、対岸に淡路島を望み、葺石には、淡路島から運ばれたものがあるなど、明石海峡の海上交通を掌握していた首長墓と考えられる。

る水上交通の掌握があると考えられる。
それは、次の理由による。

①前方後円墳の中には海浜型前方後円墳と呼ばれる、沿岸部やラグーン（潟《せき》湖《こ》）に面し、かつ海側からの眺望に優れた場所に築造されたものが多数認められること

②これらの中には、可耕地に乏しいながらも一〇〇メートルを超える大規模なものが多数認められたり、豊富な副葬品をもっていたりするなど、倭王権内で高い地位にあったと思われる人物の墓が複数あること（神戸市五色塚古墳など［図43］）

③ラグーンなど天然の良港に面する遺跡から、さまざまな地域の土器などが出

土する例が確認されていること（鳥取県湯梨浜町長瀬高浜遺跡など）

④被葬者と水上交通との関わりを示す遺物などが出土する古墳が認められること（大分市亀塚古墳、スイジ貝を描いた円筒埴輪の出土など）

⑤『日本書紀』「応神紀」には海民を倭王権が掌握したことを示す記事が認められること（五年八月条「諸国に令して、海人及び山守部《やまもりべ》を定む」）

倭王権成立以前にも、海上交通を生業とした民がいた。たとえば、稲作の伝播とともに広まったとされている北部九州で弥生前期に作られた遠賀川《おんががわ》式土器に類似する土器は、日本海に沿って青森県まで点在している［図44］。また、太平洋側でも、伊豆諸島で採取されるオオツタノハという貝を加工して製作した貝輪が、関東や東海、東北の太平洋沿岸に所在する縄文時代から古墳時代の遺跡から出土しており、最も遠いものは函館からも出土している。これらのことから、日本海側、太平洋側ともに古くから海上交通のネットワークがあり、倭王権はそれらを利用することにより、短期間で勢力範囲を広げたと考えられる。

海浜型前方後円墳は、六世紀以降、ほぼ姿を消し、代わりに沿岸部や瀬戸内海の島嶼《とうしょ》部に、横穴式石室を有する小規模な群集墳が構築されるようになる。また、三浦半島や房総半島の先端などには、縄文時代以来、利用されてきた海蝕《かいしょく》洞窟を墓とするようになる。これらの墓からは、大和で生産されたと考えられる大刀《たち》や冑《かぶと》などの武具が出土する例がある。こうした副葬品は、墓の被葬者が王権と直

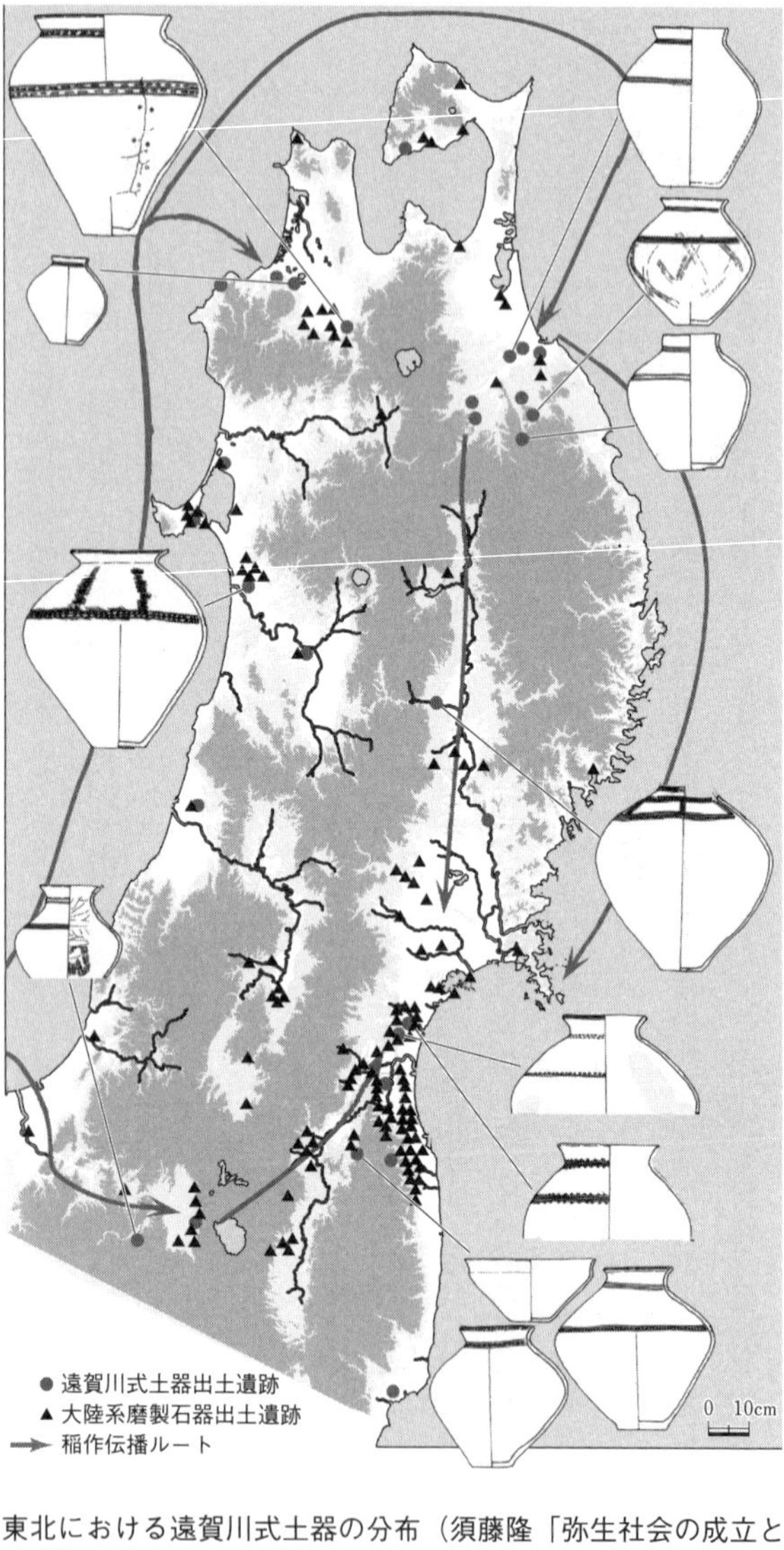

図44　東北における遠賀川式土器の分布（須藤隆「弥生社会の成立と展開」『新版　古代の日本』9、角川書店、1992などをもとに著者作成）

接的なつながりを有していたことを示すと考えられる。
墓のあり方からすると、五世紀初頭まで倭王権は、それぞれの地域で海民を束ねる首長と盟約を結んでいたと考えられるが、六世紀になると海民らを直接、王権の身分秩序の中に組み込んだと考えられる。それが『日本書紀』には、海民を「海部《あまべ》」として編成するという形で記されたのだろう。

倭王権と陸路

五世紀になると、倭王権が陸路の整備にも力を入れた形跡が見られる。これも、前方後円墳の分布から想定されるもので、五世紀以降、のちに七道駅路が敷設される路線に沿って前方後円墳が築造されている。

たとえば、九州北部の西海道や東北の東山道沿線では、駅路に沿って前方後円墳が分布している様子が見られる。古墳のある場所をわざわざ選んで、駅路を通す理由はないが、先に見たように前方後円墳を倭王権にとって重要な場所に拠点を置いていた首長の墓と考えれば、古墳時代の重要路線をベースに駅路が敷設された可能性が浮上する。今にたとえるなら、もともとあった道路（古墳時代の道路）に併設して、古代国家が新たにバイパス（駅路）を通したのだといえよう［図45］。

ただ、これとは異なる例もある。中国地方では、弥生・古墳時代の遺跡の分布から、駅路成立以前の東西方向の主要道路は、現在の中国自動車道に沿っており、そこから日本海側と瀬戸内海側に向かって分岐する複数の道路からなるという路線構成だったと考えられる。それが、五畿七道制（律令制

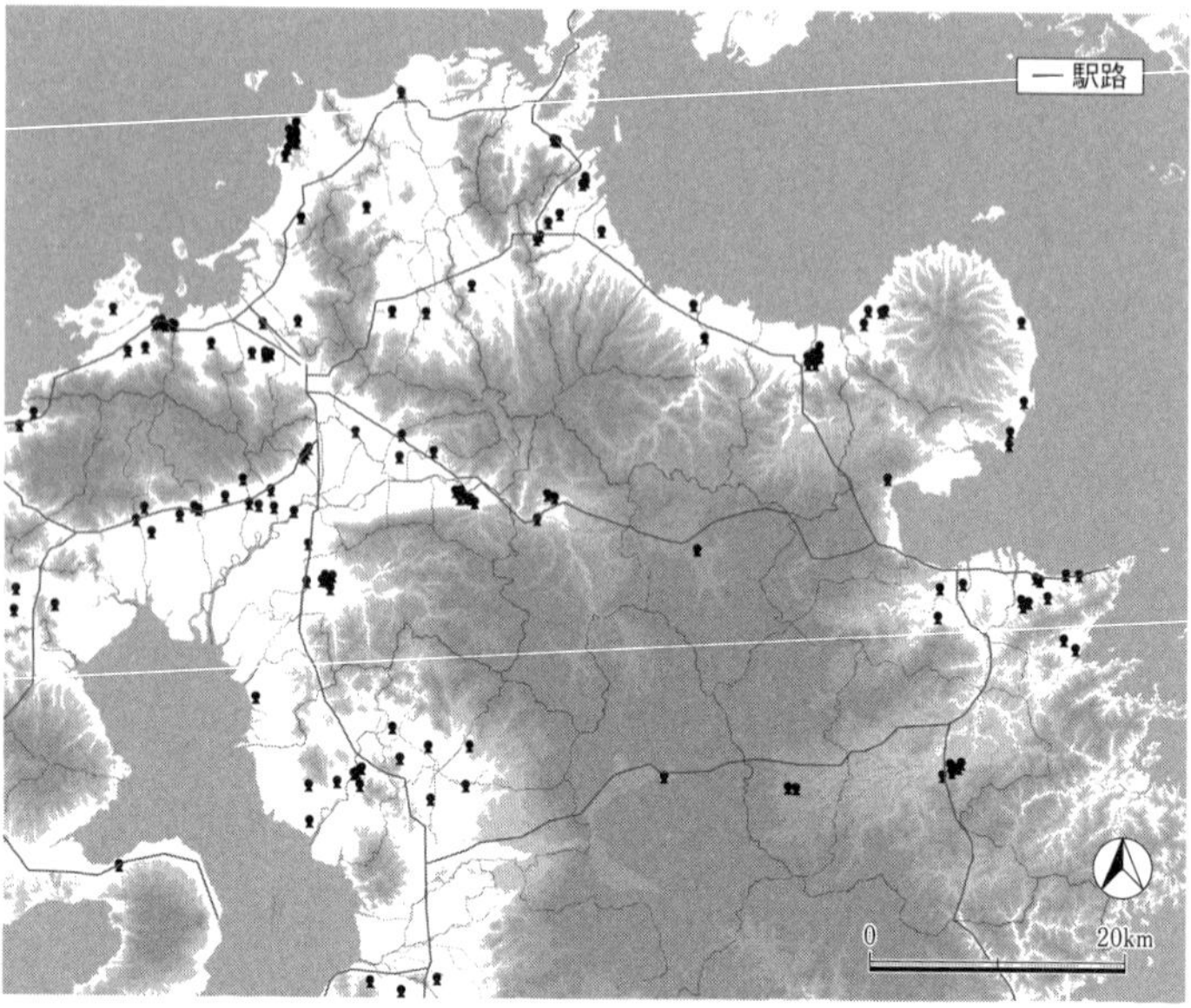

図45　九州の前方後円墳の分布と駅路

に基づく地方行政区分）の導入により、瀬戸内海側を山陽道、日本海側を山陰道とに分けたことにより、山陰・山陽諸国をそれぞれ結ぶ二本の幹線道路が敷設されたと考えられる。つまり、この二つの路線は、先に見た九州北部や東北の東山道とは異なり、律令国家の政策上の理由から新設された道路なのだ（平野部を通過する部分など区間単位では前身道路がある）［図46］。

古墳時代の重要路線の発掘例には、奈良県御所《ごせ》市鴨神《かもがみ》遺跡で検出された五世紀中ごろから六世紀後半にかけて利用されたと考えられる道路跡がある。この道路跡は、当時、大王の宮が置かれた磯城《しき》・磐余《いわれ》地域から、葛城《かつらぎ》氏の本拠地（現在の御所市）を経由し、当時の外交窓口の一つであった紀ノ川河口へ向かう幹線道路と推定されている。

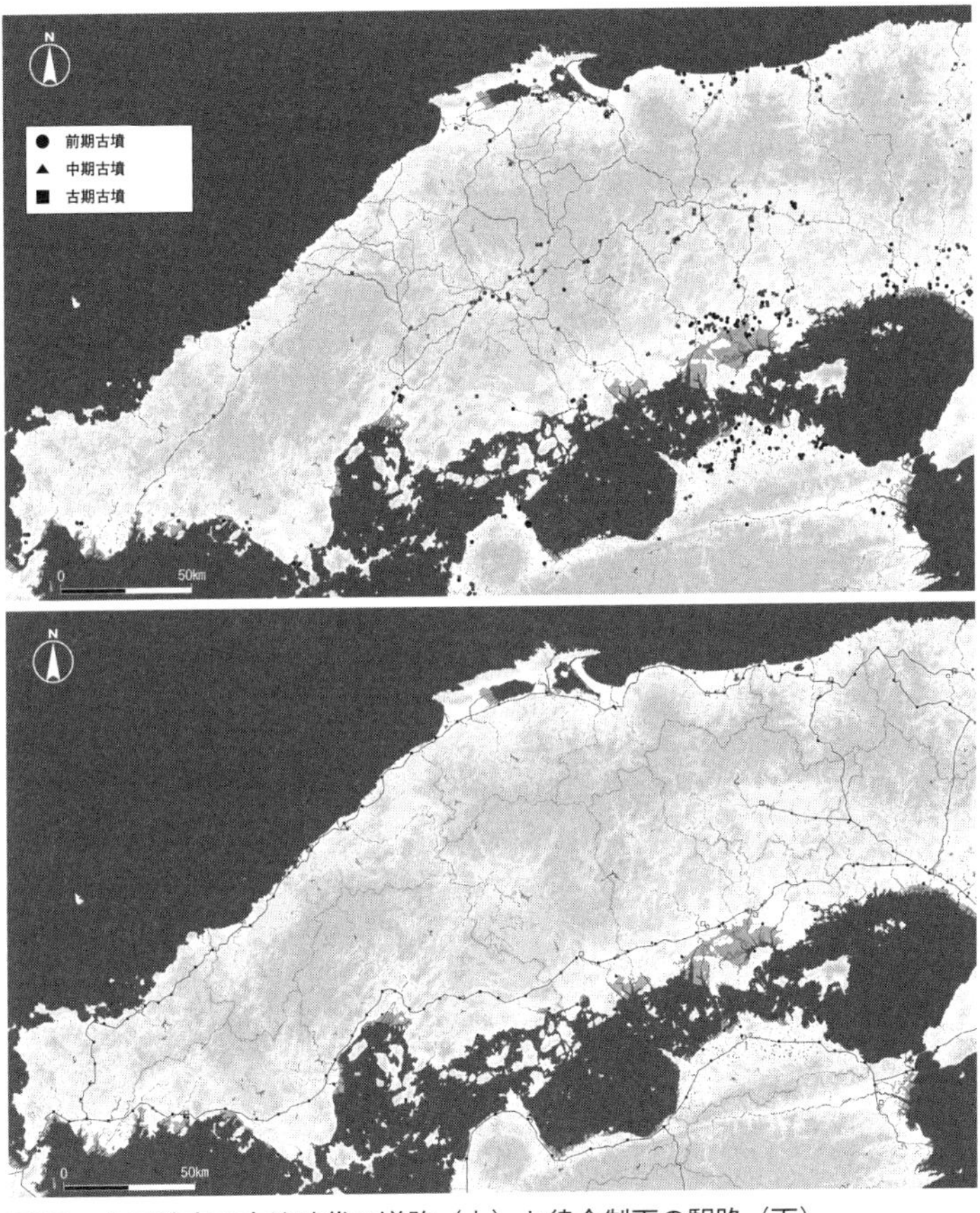

図46　中国地方の古墳時代の道路（上）と律令制下の駅路（下）

また、沿線には、五〜六世紀の古墳が点在し、そこからは五条猫塚古墳出土の蒙古《もうこ》鉢形眉庇付冑《はちがたまびさしつきかぶと》のような舶載の優品が出土している例もある。

奈良盆地の南を画する風の森峠付近で検出された道路跡は、幅は二・七〜三・三メートルで、峠の頂部は切通し、その北側は丘陵裾部を回り込むよう地形に沿って造られている。切通し部分では、路《ろ》床《しょう》（道路の基礎部分）に小礫《しょうれき》を貼りつけ、その上に盛り土をして路面としている。丘陵裾部では溝を開削した後に、そこを砂で埋め、さらにその上を覆うように砂を積んで路面としている。そこから北は幅三メートル程度の浅い溝を掘削し、溝底に小礫を敷いた後に塡圧し、溝全体を砂で埋めて路面としている。

鴨神遺跡の道路はきわめて堅牢に造られており、その構築方法は後の駅路と比べても遜色ない。しかし、駅路に見られるような直進性や、幅広といった特徴は認められないことから、自然発生的な道をベースとした実用性重視の道路といえる。先述したように、この路線は大和と紀伊を結ぶ重要路線でもあるので、当時の幹線道路の一つのあり方を示していると考えられる。

前方後円墳と道路

『常陸国風土記《ひたちのくにふどき》』行方《なめかた》郡条には、二人の地域首長と禍《わざわい》をもたらす神である夜刀神《やとのかみ》の話が掲載されている。一人は箭括《やはず》の氏麻多智《うじまたち》という継体朝の人物、もう一人は茨城《うばらき》国造で、行方郡の建郡に携わったとされる壬生連麿《みぶのむらじまろ》という孝徳朝（六四五―五四）の人物である。ともに谷部の開墾における夜刀神との遭遇譚である。

箭括の氏麻多智は、開墾により夜刀神の棲《す》む土地を奪う代償として、この神を祀る社《やしろ》を建て、子々孫々、祭りを絶やさぬことを夜刀神に誓った。それに対し、壬生連麿は、「何の神、誰の祇《くにつかみ》ぞ、風化《おもむけ》(天皇を頂点とする国家の施策方針)に従はざる」と叫び、作業していた人々に対して妨害する者をすべて打ち殺すよう命じている。

この話は地域首長の集団内における役割と、その変化を物語るものとしてしばしば取り上げられるが、ここで注目したいのは、大王に従った壬生連麿が、箭括の氏麻多智のようなこれまでの地域首長が負っていた他集団との利害調整の結果生じる責任から解放されていることだ。

つまり、壬生連麿は開発に抗議する夜刀神に対し、「文句があるなら大王に言ってくれ。私は命に従っているだけなので責任はない」といっているようなもので、国家権力を背景に、地域の人々が恐れる禍をもたらす神を何の代償も払うことなく屈服させたのだ。このように地域首長にとって国家権力の代表者である大王は、他者との利害調整を代行してくれる存在で、それに伴うリスクも引き受けてくれる存在だった。

記紀の記述から、古墳時代は大王の主要な任務として「カミマツリ」があったことが指摘され、また、律令制が定着した後は、伝統的な祭祀が「神祇官」により再編成され、律令(国家)祭祀として制度化されている。

第3章で見たように、人々にとって道路とは、自分たちの住む土地とよそとを結ぶだけでなく、現世と異世界とを結ぶと認識されていた。道路を造るということは、異世界も含めた他者の領域を侵す可能性がある行為で、相応のリスクを伴う行為だったと考えられる。逆の見方をすれば、道路の敷設者は通過する地域の首長や神に対し、箭括の氏麻多智が夜刀神におこなったように、損失に見合うだけの利益（夜刀神からすると土地を手放す代わりに未来永劫、神として祀られること）を約束（契約）しなければならなかったと考える。

　これを先の道路沿線の古墳に当てはめると、倭王権にとって、重要な路線上に前方後円墳があるのは、その地の首長を王権側に取り込みたかったことを示し、一方、在地首長にとっても前方後円墳の造営が何らかの利益につながるために積極的に前方後円墳を築いたことを示す。具体的に首長にとって何が利益だったのか。もちろん、王権からの最新の技術や文物の提供が第一に考えられる。しかし、それだけでなく先述したとおり、倭王権への加盟が、これまで地域首長が向き合わざるをえなかった、他の土地や異世界との接触に伴うリスクや調整から解放される（王権が調整を代行してくれる）ことを意味するのであれば、前方後円墳に代表される倭王権の墓制を取り入れることは、倭王権の一員であることを、人だけでなく神も含めて可視化する意味があったとは考えられないだろうか。つまり、前方後円墳とは、在地首長が担っていた「リスクを伴う他者との調整を、倭王権に委任した証《あか》し」という性格も、もっていたのではなかろうか。

　時代を経るにつれ、倭王権の力は強大化していく。それは、連合政権の代表として、朝鮮半島や中国大陸など他集団との調整を繰り返しおこなうことや、王権内でのパワーバランスの調整を繰り返しおこない、集団の意思を決定するという役割を有したからだと考えられる。こうして、成立した権力は、交通政策についても強いリーダーシップを発揮することになり、複数の地域首長の領域をまたぐ、計画道路網を造るようになる。

大和の四至と計画道路

第3章で四角四境祭の話をしたが、境界における祭は、『日本書紀』崇神九年三月条・四月条に見られる。大王の宮が置かれた大和の東の境界は宇陀の墨坂《すみさか》（奈良県宇陀市・墨坂神社）、西の境界は大坂（奈良県香芝市・大坂山口神社）で、それぞれ神が坐し、それを祀ったところ疫病がなくなったと伝える。

また、『古事記』垂仁段には、西の境界、大坂戸のほか、北の境界として那良戸《なら》（奈良市）、南の境界として木戸（紀伊へ向かう道、御所市か？）が見える。これらの境界はそれぞれ道路によって結ばれており、墨坂と大坂は中世に横大路と呼ばれる東西道路で、那良戸と木戸は下ツ道という南北道路で結ばれていたと考えられている。下ツ道は『日本書紀』の壬申の乱の記事に、中ツ道、上ツ道とともに、その名が見え、横大路もこのときに利用された形跡が認められるので、これら東西南北の直線道路が壬申の乱以前に整備されていたことがわかる。

発掘調査では下ツ道跡が平城宮下層のほか、複数箇所で見つかっている。道幅は約二三・

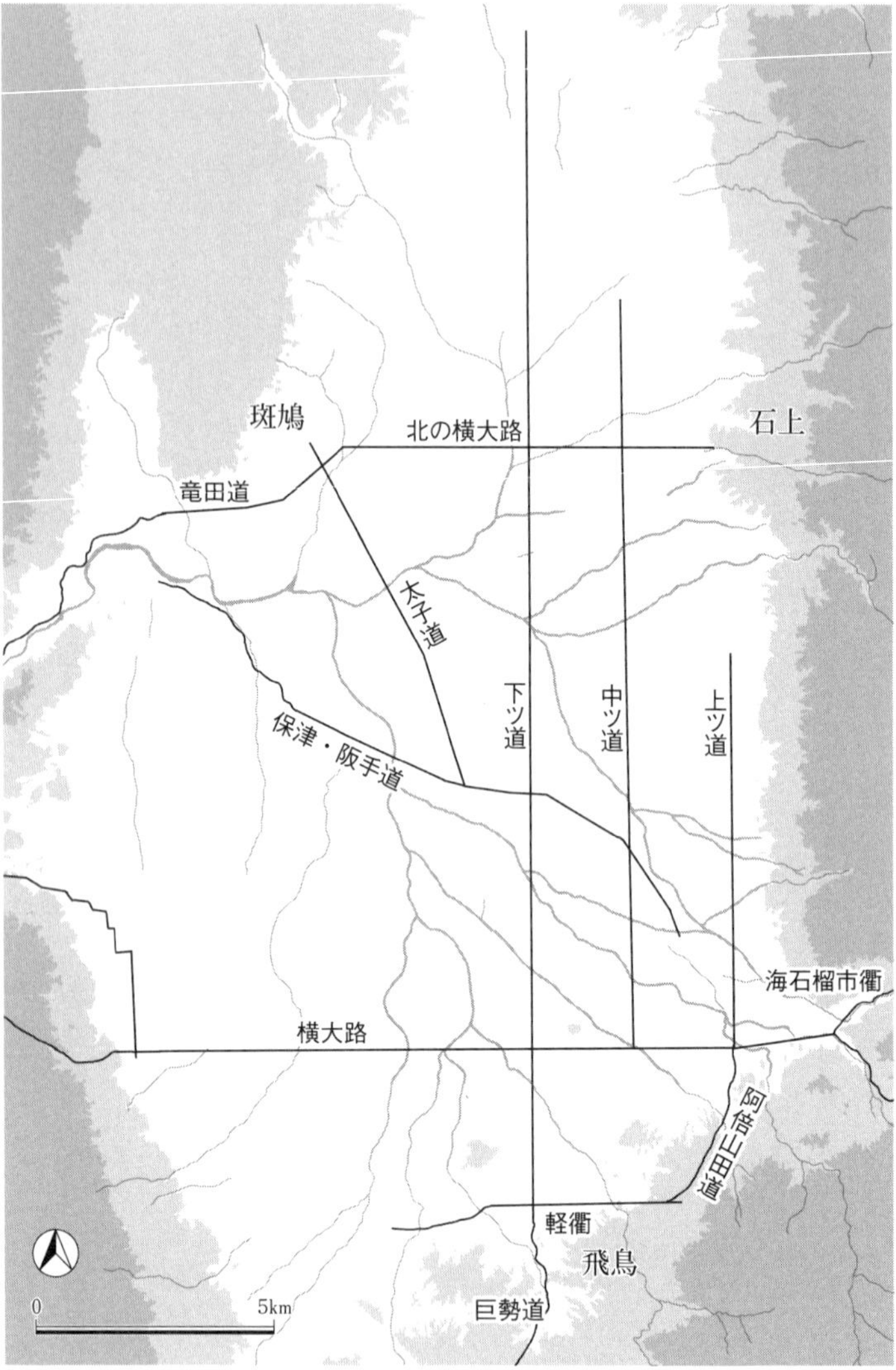
斑鳩
北の横大路
石上
竜田道
太子道
下ツ道
中ツ道
上ツ道
保津・阪手道
海石榴市衢
横大路
阿倍山田道
軽衢
飛鳥
巨勢道
0
5km

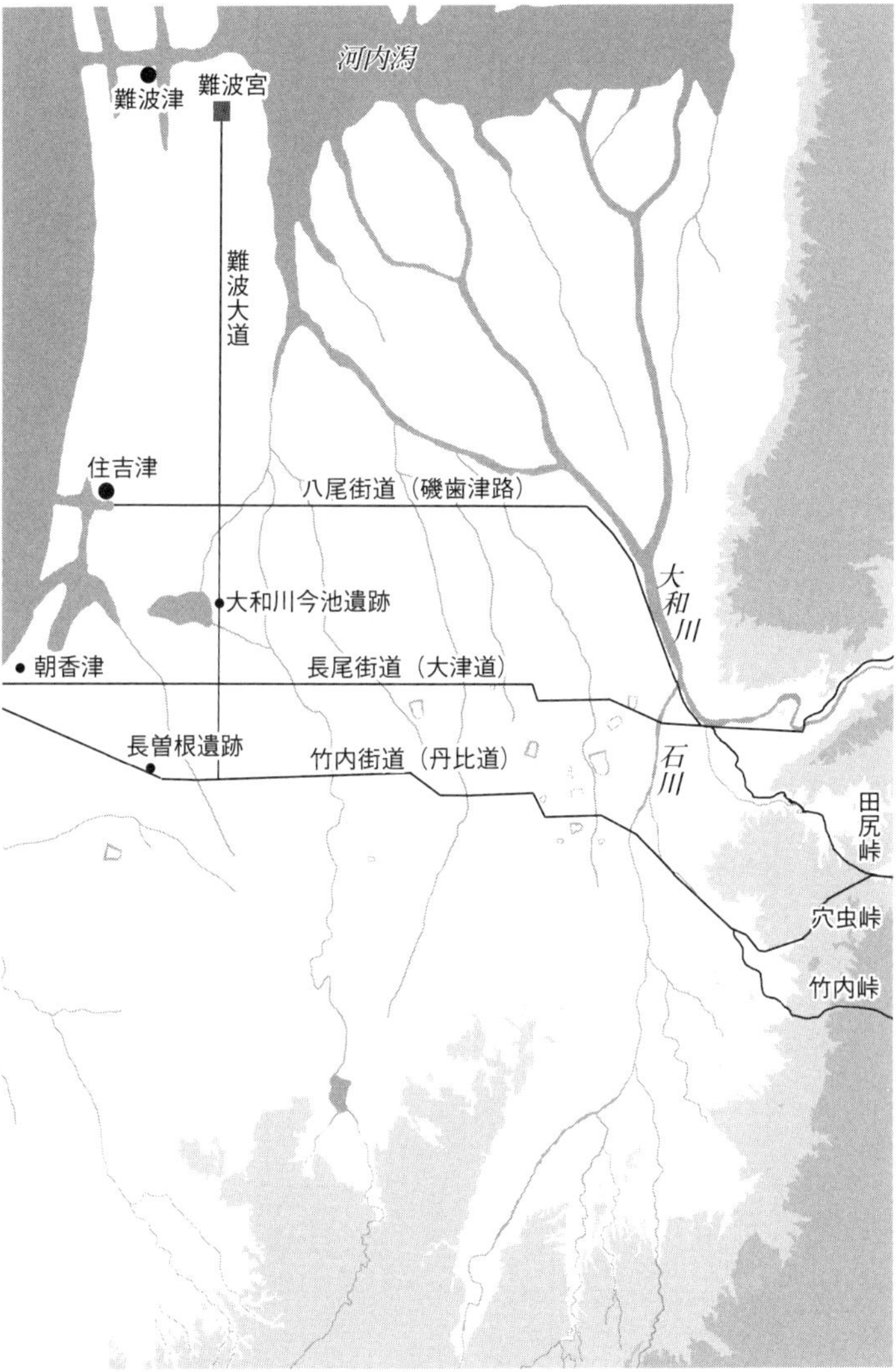

図47　壬申の乱の記事などから推定される大和・河内の計画道路網

五メートル、ほぼ正方位を向く直線道路だった。さらに、横大路上で計測すると、上・中・下道の間隔は、約二・一キロ、当時の測量単位では一〇〇〇歩《ぶ》に相当するなど、計画的に配置されていたことがわかる［図47］。

なお、これらの道路の成立時期は諸説あるが、側溝から七世紀前半の遺物が出土している例もあることなどから、推古朝にさかのぼる可能性が指摘されている。

3　古代国家と道路──中央集権国家の道路網

七道駅路

駅路の成立を直接示す史料は残されていないが、大宰府と都との往来に要した日数から、駅制による情報伝達のはじまりが推察できる。駅制が機能していた奈良時代の例を見ると、朝鮮半島や中国大陸からの外交使節が大宰府に到着した場合、通常は片道八日（最短は四日）で平城京まで情報が届き、使節への対応についての協議がなされ、五日後に対応方針を告げる使者が都を出発している。つまり、外交使節到着二一日後から、さほど時を経ずして、使節への対応を示す記事（都へ向けて出発もしくは大宰府で饗応ののち、帰国など）が見られれば、それが駅制の利用を示すものとなる。

大宰府（筑紫《つくし》）と都との往来に要した時間は、天武朝までの往来記事では五〇日以上の例がほとんどだ。その中で天智七年（六六八）九月一二日に大宰府に到着した新羅の金東厳は、九月二六日に中臣鎌足より船を与えられている。このとき、中臣鎌足は大津宮にいることが『藤氏家伝』からわかるので、金東厳は筑紫（福岡県）から大津宮へ移動したことがわかる。白村江の敗戦後の緊迫した状態で来日した対戦国の使者なので、最速で大津に向かったと考えられるが、それでも駅制を利用した場合の倍の片道一五日を要している。なお、『延喜式』に見える大宰府と淀津《よどのつ》（京都市伏見区付近）との海上交通に要する日数は三〇日（ちなみに確実に海路を利用したことがわかる、九州と難波津《なにわづ》との移動日数のうち最短は、『日本書紀』斉明七年〈六六一〉条で、斉明大王の遺体を乗せた船の所要日数一七日）なので、天武朝までは海上交通を利用したか、あるいは道路整備が不十分だった可能性が高い。

駅制とほぼ同様の速度で、都と大宰府間の往来が確認できる最初の例は、『日本書紀』持統二年（六八八）八月条の記事に見える耽羅使《たんら》（済州島からの使者）の来日の際の情報伝達だ。この使節は、八月二五日に筑紫に到着し、九月二三日に筑紫館で饗応されている。この二九日間は、筑紫と飛鳥との使者の往来（八日×二）、都での審議時間（五日）、筑紫館での饗応準備に要した時間だ。饗応準備に要した時間は不明だが、水路利用の最短記録よりも短い時間で饗応がおこなわれていることからすると、この記事を駅制により情報伝達がなされたことを示す最初の記事と見てよいだろう。このことから、山陽道駅路の整備は天武末年ごろになされた可能性が高いということになる。

駅路の特徴は、第2章で触れたが、その特徴を改めてまとめると、次のようになる。

・路線と道路の構造上の特徴

①都と地方拠点とを「道《どう》」（東海道諸国などの地域）という単位で効率的に結ぶ全国的な道路網であり、その路線計画にあたっては、直進性が強く指向されている（遠距離直達性）。

②道路の幅員を視覚的にとらえられるよう、側溝などの幅員を明示するための施設などをもっている（側溝・工法的特徴による幅員の視覚的明示、象徴性」）。

③東山道武蔵路が集落の少ない武蔵野台地上を通過することに象徴されるように、一般集落の存在を意識せずに敷設される傾向が認められる。

④一方で、盛り土工法を採用し谷部を堰《せ》き止めることにより、ため池を造る事例（大分県中津市の三角池《みすみいけ》）や側溝が水路として利用されている事例など、灌漑《かんがい》施設と一体的に整備されたり、土地区画（条里）の基準線として利用されたりするなど、耕地開発と密接な関わりをもつ場合も多い。

⑤直線的で、道幅は一〇メートル前後と他の道路よりも卓越した規模を有するのに加え、沿線には国府や国分寺、郡家などの中央の命により造られた施設が配置される場合が多い。それによ

り、他の道路とは沿線景観も含めて差別化されている。

・利用や維持管理上の特徴

⑥通行に支障が出ないよう、一定の強度をもった道路とするため、さまざまな土木工法を用いるとともに、その補修や維持管理についても力が注がれている（国家権力により周辺住民を徴発、使役した強制的な維持管理）。

⑦駅制による利用のほか、地方から都への税の納入など、国家が課す労役に従事する人々の往来に利用されている。国家の命により集団で都へ向かう人々の姿を沿線に見せることも権力の可視化の意味を有していたと考えられる。

七道駅路は都を起点にして、国家による地方統治の単位（七道）を効率的に結んで中央からの命を確実に地方に届けるなど、その敷設時には高い計画性があったと考えられる。また、先述したとおり、駅路整備段階にはどこを通すのが最も効率的かを国家が把握していた。

中央集権制を実現するためには、中央と地方拠点との間の緊急通信網の構築は必要不可欠であった。そして、その実現のために駅路や駅家などというハードを整備する必要があるとともに、実現に必要な諸制度の整備がおこなわれた。駅使の往来については『律令』「公式令《くしき》」（罰則は「職制律《しきせいりつ》」）、駅馬については同「厩牧令《くもく》」、駅家経営のための田については同「田令《でん》」で定められた。また「関市令《げんし》」により、駅路の利用に限らないが、通行に関するルールが定められていた。

道路の維持管理と沿線に関する規制

『律令』「喪葬令《そうそう》」では都城や道路側近（沿線）における埋葬が禁止されている。また、都城内の道路の話になるが、『続日本紀』天平三年（七三一）九月二日条に「左右京職言《もう》さく。三位已上《いじょう》の宅門《たくもん》を大路に建つること、先に已《すで》に聴許《ゆる》す」とあるように、平城京の宅地において大路に門を開くことが許されたのは三位以上に限られていた。すなわち古代には、

①道路そのものの規模・構造から、他の道路との違いを可視化すること
②沿線の施設も含めた、景観として他の道路との違いを可視化すること
③駅使が駅路を利用するよう定められていたように、利用のルールにおいて、他の道路と差別化すること

がおこなわれていたと考えられる。

駅路の維持・管理は沿線住民が雑徭《ぞうよう》としておこない、大がかりな修理が必要な場合は国司の命により多数の労働力が動員されたと考えられる。また、駅路はぬかるんだ土地でも盛り土をし、多少の丘陵であれば切通しをして直線的に通すなど、構造的に不安定な要素を抱えていた。つまり、定期的にメンテナンスしなければ、維持することが困難な道路だった。そして、メンテナンスを可能としてい

たのは、国家権力による強制的な労働力の徴発だった。『律令』「営繕令《ようぜんりょう》」には次の規定がある。

凡そ津《つ》、橋、道、路《おおじ》は、年毎に九月の半より起りて、当界《とうがい》修理せよ。十月に訖《おわ》ら使《し》めよ。其れ要路陥《お》ち壊《やぶ》れて、水を停《とど》め、交《にわ》かに行旅廃《や》めたらば、時月《じげつ》に拘《かかわ》れず、量《はか》りて人夫を差し、修理せよ。当司の能く弁するに非ずば、申請せよ。

これによると、船着き場や橋、道路を、毎年九月半ばから一〇月（旧暦、現在の一〇月半ばから一一月にあたる）までに、その国の負担と責任で修理すること、重要な道路の場合は、時期に限らず人夫を出して修理すること、技術的な問題などで地方での対応が困難な場合は、中央に申し出ることを国司に命じたものだ。

これからもわかるように、道路の維持・管理の実際の責任は国司にあり、よほどの難工事でないかぎり、中央は手をださなかった。

一方、都城の道路については、『延喜式』「左右京式」に規定がある。

①凡そ京路は皆、当家をして毎月掃除せしめよ。

②凡そ宮城の辺、朱雀の路溝は、皆雇夫《こふ》（都の労働に地方から徴発された成年男子）をして掃除せしめよ。

これらの記事から通常の条坊道路は、道路に面する家が毎月、清掃をすると定められているが、宅地の門を開くことが禁じられていた朱雀大路に限っては、京職が日当米二升で人を雇って清掃することとされていた。
なお、『延喜式』「左右京式」には次のような規定がある。

凡そ京中は水田を営むことを聴《ゆる》さず。ただし、大・小路の辺《ほとり》及び卑湿《ひしつ》の地は、水葱《なぎ》・芹・蓮の類を殖《う》うることを聴せ。これにより溝を広げ、路を迫《せま》むることを得ず。

京内に水田を作ることは禁じるが、道路幅に変更を加えたりしない限り、道端で野菜を栽培することを許すというものだ。
条坊道路と側溝は左京と右京、それぞれの京職の管轄下に置かれているものの、朱雀大路を除けば京内の住民が管理することとされており、他人に迷惑をかけたり、形状を変更しなければ比較的、自由に利用できた。

違反者の取り締まり

官人の綱紀の粛清や違法行為の取り締まりについて定めた『延喜式』「弾正式《だんじょうしき》」には次のような規定がある。

凡そ（弾正）台は京裏を巡行し、厳しく決罰《けつばつ》（罪人を笞《むろ》によって処罰すること）を加え、掃清せしめよ。宮外にある諸司ならびに諸家は当路を掃除せよ。また樋を置きて水を通し、汚穢《おえ》を露《あら》わすなかれ。また条令・坊長ら、例によりて旬毎（一〇日ごと）に巡検し催掃（掃除を促す）せよ。もしこの制に従わざれば、諸の家司《けいし》並びに内外の主典《さかん》以上は、式部・兵部に移して、考を貶《おと》し禄を奪え（勤務評価を引き下げ、季禄〈ボーナス〉を没収せよ）。四位・五位は名を録して奏聞せよ。無品親王家および所々の院家は、その別当の官を以て諸の家司《けいし》に准《なぞら》えて、また省に移して貶奪《へんだつ》（降格）せよ。其れ雑色《ぞうしき》の番上《ばんじょう》以下は、蔭贖《おんしょく》を論ぜず決笞《けっち》（減刑特権を認めず、笞五〇の刑）せよ。

これは、道路と側溝の清掃や管理、そして適切な利用がおこなわれているかの監察と違反者に対する罰則について定めたものだ。ここで注目すべきは、水路の水を引くこと自体は禁じていないことで、引水の結果、水路の汚物があらわになったり、冠水した道路に水路のゴミが散乱したりしなければ、道路側溝の水を自由に利用できたことだ。

廃絶する古代道路と中世の道路へ

中央集権体制とは、国家のすべての権限を中央がもち、地方官は中央の命令どおりに行政などを執行するというのが建前だった。それが、九世紀中ごろ、政府は確実に徴税するために、国司に徴税をはじめとする行政や軍事など、多くの権限を委任し始めた。これは、政府が地方行政に直接的に関与することを次第に放棄していったことを示している。それによって、国策としておこなわれてきた駅路の管理やメンテナンスも放棄されることになった。

先述したとおり、七道駅路は中央集権制を維持するための装置であり、集落を無視するなど地域間交通での利用は、ほとんど想定されていなかった。また、一〇メートルを超えるような道幅も地域にとっては不要だった。そのため、維持・管理しにくい路線は廃絶し、道幅も通行に必要な幅だけに縮小された。かつては幅一二メートルもの規模があった山陽道駅路も、両側の耕地から次第に浸食され、中世にはあぜ道程度の規模へと縮小してしまう。

平安時代の山陽道の一部である久我畷《こがなわて》は『太平記』巻八、「山崎合戦の事」によると「路細く深田なれば馬の懸引きも自在なるまじとて、」といった状態になっていた。また維持しにくい区間は道路を通しやすい、つまり人や馬が通りやすい場所に付け替えられた。これによって、直線的で幅広の駅路は廃絶した。駅路は、道路を造り上げた権力が変質（中央集権体制の放棄）したことにより、それと運命を共にしたのだった。

ちょうどそのころ、平安京の条坊道路も大きく様変わりし、曲がったり、幅を狭めたりした。先に見たように、『律令』の規定では、道路の幅を変えたりすることがご法度とされていたにもかかわらず、政府のお膝元である都で平然と禁令が破られる事態になったのだ。これは、政府が道路行政への関心を失ったのか、道路を維持する力を失ったのか、道路行政そのものが放棄されたことは疑いない。為政者たちの意思が優先され、地域の意向を無視して造られた道路は、支配体制が変質すると、もろくも崩れ去ったのだ。

4　中世の道路――強者は道路を造り、弱者は道路を壊す

鎌倉の道路

古代国家が造り上げた七道駅路は、鎌倉時代が始まるころにはすでに廃絶していたが、鎌倉幕府は鎌倉に向かう道路を整備した。発掘調査例こそ限られるものの、荒井《あらい》猫田《ねこた》遺跡（福島県郡山市・奥大《おくのたい》道《どう》）や下古館《しもふるだて》遺跡（栃木県下野市・奥大道）、堂山下《どうやました》遺跡（埼玉県毛呂山町・鎌倉街道上道）、福田片岡遺

跡（兵庫県たつの市・山陽道）では街道とそれに面した館跡や集落跡が見つかっている。道路の幅は二〜六メートルのもので、両側溝をもつ直線的なものが目立つようだ。

幕府が街道をどのように整備していたのかは不明な点があるが、鎌倉時代の紀行文『東関紀行《とうかんきこう》』の三河国本野川原《ほんのがわら》の叙述には、次のようにある。

故武蔵の前司、道のたよりの輩《ともがら》におほせて植へをかれたる柳も、いまだ陰とたのむまではなけれども、かつ〴〵まづ道のしるべとなれるも哀《あわれ》也。

（『中世日記紀行集』新日本古典文学大系、一九九〇年）

故武蔵の司とは、鎌倉幕府第三代執権、北条泰時《やすとき》（一一八三―一二四二）のこと。彼が道筋の人々に命じて植えさせた柳の木は、まだ木陰で涼むまでは成長していないが、道標になっていると記されている。『東関紀行』は、仁治三年（一二四二）に京を発し、鎌倉へ向かい、再び京に戻るまでの往来の紀行文である（作者は不詳）。この記事から泰時が晩年、七道駅路に倣《なら》って街道筋に並木を植えさせたことがわかるのだが、ほかの街道やその後の史料に並木が現れないことからすると、この政策は泰時より後には引き継がれなかったようだ。ただ、泰時が律令国家の制度や政策を取り入れたことは注目してよく、一三世紀の鎌倉には、泰時が主導したと思われる若宮大路を基準とした街路網の整備、末端行政単位「保」の制度の導入など、平安京の都市計画や行政の仕組みが取り入れられている。

図48　鎌倉の道路と側溝（鎌倉市教育委員会提供）

第3章で見たように、幕府を鎌倉に開いた源頼朝は道路建設に熱心だった。鎌倉はその地形、地質の特徴から、町を開くには大掛かりな土木工事を要した。

鎌倉の中心部はもともとラグーンであり、頼朝が都市計画を進めたころは、現在の鶴岡八幡宮一の鳥居付近まで砂浜だった。つまり、鎌倉は地下水位が高く、湿気が多い不安定な土地を造成した町で、そうした場所にぬかるみにくい道路を造るためには、

①地表まで浮き上がってくる地下水を、側溝など排水施設を設けて計画的に制御すること
②路面そのものを頑丈に造ること

が必要だった。側溝には水を処理するだけでなく、溝そのものが崩れないように、木組みの護岸施設が造られた。最も規模が大きい若宮大路の側溝で幅三

メートル。地下水対策だけでなく、三方を山に囲まれているという鎌倉の地形から、周囲から流れ込む水を効率的に排水できるよう計画されたものだった。また、路面は、地元で土丹《どたん》と呼ばれる丘陵を形成する凝灰岩を砕いたものを用いて舗装している［図48］。

これらの道路は、御家人を動員して造られた。『吾妻鏡』建久五年（一一九四）四月一〇日条には、

鎌倉中の道路を造らる。梶原景時之を奉行す。

とあり、仁治元年（一二四〇）一〇月一〇日条には、

前武州（北条泰時）の御亭に於て、山内の道路を造被る可き之由、其の沙汰有り。安東藤内左衛門尉（光成）之を奉行す。

とある。また、若宮大路側溝からは、幕府が御家人に普請を命じたことを示す木簡が出土している。「一丈伊北《いほう》太郎跡」と「一丈南くにの井の四郎入道跡」と書かれた木簡は、上総《かずさ》の御家人、千葉氏の一流の伊北氏と上野《こうづけ》の御家人国井氏に、側溝の普請を請け負わせたことを示すと考えられる。分担は長さ一丈（約三メートル）。木簡の先端を尖らせていることから、それぞれの普請区間に突き立てられていたと考えられる。

このように、鎌倉の道路は、有力御家人が工事の総監督となり、工区を分割して中小御家人に施工させたと考えられる。施工にあたった御家人は、この木簡で自らの普請区間を確認し、それぞれ分担して作業にあたったのだろう。

中世の道路の維持管理

鎌倉の道路や側溝の日常管理を誰がおこなったのかは、次の史料が参考となる。『吾妻鏡』寛元三年（一二四五）四月二二日条に、

鎌倉中保《ほ》々の奉行人《ぶぎょうにん》等存知《ぞんちせ》しめ沙汰を致すべき条々、今日定めらる。佐渡の前司（後藤）基綱《もとつな》奉行たり。

保司奉行人存知るべき条々

一、道を作らざる事

一、宅檐《たくひさし》を路に差し出す事

一、町屋を作り漸々路を狭める事

一、小家を溝上に造り懸ける事

一、夜行せざる事

右以前の五箇条、保々奉行人に仰せ禁制せらるべきなり。且《か》つは相触れるの後七ケ日これを立

つに於いては、保奉行人は使者を相具《あいぐ》し、破却せらるべきの状、仰せに依って執達件《しったつくだん》の如し。

寛元三年四月廿二日　武蔵守（第四代執権、北条経時《つねとき》）

佐渡前司殿

とある。これは、鎌倉の道路利用に関する禁令で、道幅を狭めたり、道路や側溝の不法占有を禁止する旨を保奉行人に周知すること、そして、こうした行為をした者には、違反であることを伝えた後、七日以上違反状態が続くならば、使者を伴って破却せよと命じている。

また、弘長元年（一二六一）二月二九日に交付された『関東新制条々』には、

一　鎌倉中の橋の修理并びに在家の前々は掃治《そうじ》可《す》き事

とあることから、道路の日常管理は、道路に面する家の住人がおこなうことになっていたことがわかる。これは、平安京と同様のシステムであり、鎌倉幕府の道路行政は『律令』の仕組みを参考にして、整えられたことを示している。

鎌倉の道路の維持管理は、幕府が有力御家人を奉行とし、その命を受けた保奉行人《ほのぶぎょうにん》がそれぞれの管轄区間の管理・監督をおこなうという形式をとっていたと考えられる。そして、掃除など日常的な管理は住民がおこなうものの、違法状態が発生した場合など、大掛かりな工事を伴わない場合であれば、

保奉行人が身分の低い者を使役して、必要な作業をおこなっていたと考えられている。
どうやら、古代に定められた道路維持システムは、鎌倉幕府に受け継がれ、そこから各地へと広がったようだ。そして、地域や住民任せの維持管理システムは、平安京がそうだったように、それを強制していた権力が衰えると一気に崩壊する運命にあった。

道路の維持管理は住民まかせ？

古代道路や鎌倉の道路は、建設は公が行うが、維持・管理は基本的には沿線住民がおこなうというシステムだった。このシステムは、地方でも行われていたようで、下野国の宇都宮氏が弘安六年（一二八三）に定めた『宇都宮家式条』では、「領内道路幷橋事」として、道路や橋の維持管理は原則、住民が行うこと、もし負担が重すぎる場合は考慮するとの規定がある。『宇都宮家式条』は、鎌倉幕府が貞永元年（一二三二）に定めた『御成敗式目《ごせいばいしきもく》』を手本としたと考えられている。天文五年（一五三六）に伊達稙宗《たねむね》が定めた伊達家の分国法『塵《じん》芥集《かいしゅう》』では、通常の維持管理は住民が行い、大掛かりなものは、郷や村もしくは支配層である武士の負担でおこない、それでも費用が足りない場合は寄付を集めて修理することとされている。また、『塵芥集』には、道の広さを一丈八尺に保ち、それを狭めることは犯罪とされている。

いずれの例も、道路の維持管理は、住民任せで、公権力は命令はすれども、手は出さないというスタンスだったようだ。

強者は道路を造る——織田信長の道普請

室町時代から戦国時代にかけては、道路史という観点ではあまり見るべきものがない。それというのも、日本を束ねる権力が、道路行政を積極的に進めた形跡がないからだ。それどころか、都の有力者や地域勢力が通行を阻害したり、通行料の徴収など往来を妨害する行為をおこなったりしているが、時の政権はそれを取り締まるだけの力を有しなかった。

そうした中、道路史、交通史という観点から、次に注目すべき権力は、織田信長をはじめとする有力戦国大名たちだった。『信長公記《しんちょうこうき》』には、次のような記述がある。

去る年、月迫りに国々、道を作るべきの旨、坂井文介・高野藤蔵・篠岡八右衛門・山口太郎兵衛四人を御奉行として、仰せ付けられ、御朱印を以て、御分国中御触れこれあり。程なく正月中、出来訖《しゅったいおわ》んぬ。江川には舟橋を仰せ付けられ、嶮路《けんろ》を平らげ、石を退けて大道とし、道の広さ三間に、中路辺の左右に、松と柳を植え置き、所々の老若罷《まか》り出で、水を灑《そそ》ぎ、微塵を払い、掃除を致し候べき。先年より、御分国中数多《あまた》これある諸関・諸役の儀等御免なされし所以《ゆえん》、路次の滞り、聊《いささ》か以て、これなし。誠に難所の苦労を忘れ、牛馬のたすけ、万民穏便《おだやか》に往還をなし、黎民烟戸《れいみんえんこ》ささず。生前の思ひ出、有り難き次第なりと、尊卑十指を挙げて、忝《かたじけな》く拝し申し侯。御齢《よわい》は朔《さく》母《ぼ》と同じく、福は須達《しゅたつ》を齎《もたら》し、諸人これを存ずるのみ。

(『戦国史料叢書』二、人物往来社、一九六五)

この記事は、戦乱により信長の領国内の道路も荒れて通行困難な状態になったので、信長が家臣四人を奉行として修理させたというものだ。工事は一月におこなうこととし、幅は約五・四メートル、路面は牛馬が歩きやすいように石を取り除き、さらには道の両側に松と柳の並木を植えるという徹底ぶりだった。

この命令が出されたのは、天正三年(一五七五)。同五月には長篠の戦いが起き、この工事は軍事活動の一環であった可能性がある。信長は、元亀三年(一五七二)、浅井・朝倉連合軍との戦いの中で、軍の移動のために虎御前山《とらごぜんやま》から宮部までの間に幅約五・四メートルの盛り土による道路を造っている。

しかし、信長による道路建設のすべてが、軍事的な動機でおこなわれたものではない。天正二年に信長が、先の『信長公記』にその名が現れる篠岡八衛門ら四人に充てた朱印状には、

尾張国中道之事、年中ニ三ヶ度改め築く可く、同橋之事、自先規《せんきより》懸ケ来ル在所ニ可申付《もうしつくべく》、并《ならびに》

水道等之事、堅可申付《かたくもうしつくべし》、若於有油断在所者《もしざいしょにゆだんあるにおいては》、遂糾明、可加成敗《きゅうめいをとげせいばいをくわうべき》者成

天正二年閏十一月廿五日

（「酒井利孝氏所蔵文書」『愛知県史』別巻、一九三九）

とある。信長は尾張国中に対して、道路の修築と橋・水路の修繕を命じたのだ。

このように、信長は道路行政にも熱心であり、イエズス会の宣教師、ルイス・フロイスも、信長の命により造られた都と安土とを結ぶ道路について、次のように記している。

この安土の市から都まで陸路十四里の間に、彼は五、六畳の幅を持った唯一の道路を造らせ、平坦で真直ぐ、夏には陰を投ずるように両側には樹木（松と柳）を植え、ところどころに箒を懸け、近隣の村から人々はつねに来て道路を清掃するように定めた。また彼は全道のりにわたり、両側の樹木の下に清潔な砂と小石を配らせ、道路全体を庭のような観を呈せしめた。一定の間隔をおいて、旅人がそこで売っている豊富な食料品を（飲食して）元気を回復し休息できる家があった。

（フロイス、松田毅一・川崎桃太訳『フロイス日本史』四、中央公論社　一九七八）

信長が領内の治安維持に努めた結果、旅人は夜間でも安心してこの道を通行でき、荷物を置いたまま、道端で眠ることもできたという。そして、これらのことは信長の支配領域内では当たり前のことになっていたとある。

一方、信長は琵琶湖の水上交通を重視した。令和五年（二〇二三）に石垣の一部が発見された明智光秀築城の坂本城は、北国街道に面し、かつ、琵琶湖から船で城内に乗り入れられる構造だった。秀吉による長浜城も含めると、安土城を中心とした、陸路と湖上交通によるネットワークが構築されていたことがわかる。

軍事利用可能な街道の整備と、支配領域内の都市を中心とした道路整備と維持管理のルールの制定、関所の撤廃による通行の自由化、通行の安全確保、そして湖上交通との連結。このような信長の交通政策は、軍事だけでなく水陸の交通網の整備による人々の往来と経済活動の活発化を目指していたと考えられる。そして、道路行政という点から見れば、軍事などの政治的な利用だけでなく、利用する庶民が快適、安全に旅ができるよう、細やかな気配りがなされていることが注目される。

戦国時代は、相次ぐ戦乱により道路そのものが荒れ果てた。また、自領防衛のために領内の交通を制限するものや、道路に城や関所など通行を阻害する施設を置く者も現れた。その一方で、天下統一を目指した信長は、道路の整備を進めた。こうした動きは、信長だけでなく、次のコラムで紹介するように有力な戦国大名の中にも見られる。

律令国家が強大な権力を背景に全国的な道路網を整備したように、戦国の世でも弱者が通行を制限したのに対し、強者は道路を造ったのだ。

北条氏の道路政策

信長以外にも有力な戦国大名の中には道路整備を進めた者もいた。明確な史料を欠くものの、武田信玄は北信濃攻略のために棒道と呼ばれる幅約三メートルの軍用道路を造ったという。上杉謙信も関東進出のために何本かの軍用道路を造ったことが知られている。残念ながら、これらの実態はよくわからないが、他国に侵攻できる力を持った戦国大名は、領国とスムーズな往来ができる軍用道路の建設をおこなった。

そうした中、道路建設の様子が具体的にわかる史料を今に残すのは、小田原に本拠を置いた北条氏だ。天正九年（一五八一）八月一五日には、北条氏政が木村某に命じ、箱根湯本から伊豆の三島駅までの間の道の修築を命じている。書状には、軍勢が箱根山を越えるために細いところは切り広げ、ぬかるんだところは埋め立てし小荷駄が倒れるようなことがないようにせよ、とある。

また、北条氏は領内の町の道路整備とその清掃にも力を入れていたようだ。天文二〇年（一五五一）に小田原を訪れた南禅寺の僧、東嶺智旺《とうれいちおう》の記述を収める『明叔録《みんしゅくろく》』には、「府中小田原に到る、町の小路数万間、地一塵無し」（町の小路は、どこまでも続き、塵《ちり》一つない）と記されている。そうした徹底した道路の維持管理は、重臣らもおこなっていたことが知られる。北条氏康《うじやす》、氏政《うじまさ》、氏直《うじなお》の三代に仕え、川越城主を務めた大道寺政繁《まさしげ》（一五三三―九〇）は、川越にある唐人小路が洪水でも道がぬかるまないように、窪《くぼ》みには石土を入れることや、毎日掃除することなどを命じている。
織田信長も尾張などで同様の政策をおこなっていることからすると、戦国大名は軍事のみならず、民政にも気を配っており、その一環として道路整備をおこなっていたようだ。

豊臣秀吉の交通政策

信長の跡を追い、全国規模で交通政策を構想したのが豊臣秀吉だ。天正一四年（一五八六）四月一〇日の「毛利輝元宛豊臣秀吉朱印状」から、毛利氏に島津征伐のため「一、至九州通道可作之事」、つまり九州に至る通り道を造るよう命じていることがわかる。天正一八年七月三日「伊達政宗宛豊臣秀吉朱印法度書写」によると、政宗に命じて、小田原から会津まで幅三間の道路を造らせている。このほかにも長らく続いた戦乱で焼け落ちた橋の架け替えなども進めた。

秀吉による交通政策で特筆されるのが、関所の廃止と、西日本を中心とした水上交通網の整備だ。天正一〇年（一五八二）には、信長が廃止を断念した公家知行の京都および諸国の率分所《りつぶんしょ》（関所）を撤廃し、天正一四年には毛利輝元に海路、陸路の関所の廃止（海陸役所停止事）を命じている。水上交通網の整備は、単なる港湾整備に留まらず、港に面して城を築き、舟が出入りできる城下町を形成させたことに特徴がある。

特に九州北部東岸は、その最たる例で、黒田孝高《よしたか》に与えられた中津城（大分県中津市）をはじめ、杵築《きつき》城（大分県杵築市、杉原長房）、府内城（大分市、福原直高）、日出《ひじ》城（大分県日出町、毛利重政）など港湾施設を伴う城が、豊臣家と関わりが濃厚な大小名により、つぎつぎと造られた。また、瀬戸内にも、三原城（広島県三原市、小早川隆景）、高松城・引田《ひけた》城（香川県高松市・東かがわ市、ともに生駒親正《いこまちかまさ》）といった港湾を伴う城が造られ、瀬戸内海の海上交通の中継地としての役割を果たした。これらの城は、朝鮮出兵に備えた物資の輸送網の確保という目的があったと推定されるが、商品流通の活発化など経済的な意味合いも強くもっていた。

それは秀吉が造り上げた大坂や伏見の町によく表れている。もともと水運に都合の良い場所を選び、そこに水路と港湾を整備することにより、物資の集積地としての役割をもたせている。主に西日本各地から集められた物資は、これら秀吉のお膝元で集積され、豊臣家の経済を支えた。つまり、秀吉は、軍事的な理由が大きいものの、人の移動のために陸路を整備し、物資流通のために水運を整備し、各地にその基地となる城下町を整備したのだ。

また、秀吉の時代になると領国内の道路整備に力を入れる大名も現れる。長曾我部元親《ちょうそかべもとちか》もそのひとりだ。元親が慶長二年（一五九七）に制定、公布した分国法、『長曾我部元親百箇条』に次のようにある。

一　本道六尺五寸間可為二間《にけんになすべし》、同道事、在々山里浦々共、庄屋、堅可申付《かたくもうしつくべし》、若道悪時《もしみちわるきとき》は、其地頭

百姓より科《か》銭《せん》壹貫《いっかん》為庄屋《しょうやをして》取集、奉行中へ可相渡《あいわたすべき》事

本道とは土佐街道のことで、それを幅約三・六メートルとし、つねに良好な状態に保ち、もし状態が悪いときは罰金一貫を奉行に渡すこととある。このとき、元親は秀吉の配下となっていたので、これは秀吉の道路政策を受けてのものだったと考えられる。

長曾我部元親による領国内の道路整備が秀吉の意向ならば、反乱者が出たときに、速やかに攻め込めるようにするといった意図があったのかもしれない。

ただ、元親が示したものと同様の道路の維持管理を、すでに信長が尾張、安土、京都でおこなっていることからすれば、やはり民政上の理由が大きかったと考えられる。つまり、信長、秀吉といった戦国の強者の道路づくりは、軍事的な目的をもちながらも、「利用者にやさしい道路」を目指したものといえよう。

一方、多量の物資は陸路ではなく水路の利用とされていたようであり、人の移動と物資の輸送とは別手段を用いる、つまり交通と輸送を分離するという考え方だったようだ。

5 江戸幕府と道路――安定政権が築いた道路網と交通システム

軍事よりも往来の安全を優先?

江戸幕府の道路政策も、信長、秀吉の時代の政策を踏襲している。徳川家康は江戸幕府を開いた翌年に、一里塚の設置や街道の並木の整備をおこなっている。また、江戸幕府の公式な記録、『徳川実紀』には、家康から一〇代将軍家治《いえはる》(在位、一七六〇―八六)までの間だけでも、道路に関する記述が一四九件も認められている。

江戸幕府による道路行政は、しばしば軍事的な面、たとえば江戸防衛のために、あえて通行困難な場所を残していると指摘されることがあるが、実際の江戸時代の道路の特徴は、軍事よりも、

①安心・安全な通行の確保

②道路を清潔、快適な状態で保つこと

に主眼が置かれているように思える。

道幅も、元和二年（一六一六）の家康の遺訓といわれる『家康百箇条』によると、大海道（五街道）は六間（約一〇・八メートル）、小海道は三間（約五・四メートル）で、前節で見た信長が軍用道路として虎御前山から宮部までの間に造った道路の幅（約五・四メートル）と比しても大規模だ。それに、暑さをしのぐ木陰をつくる並木や旅程の目印となる一里塚も設けられているのだから、政策的には、軍事的な理由から通行を管理することよりも、活発な往来を実現することに重きが置かれたように思える。

物資輸送は、秀吉の政策を引き継ぎ、基本的に水路が担っていた。秀吉が作り上げた水上交通網は、江戸幕府によりさらに整備され、城内に港湾をもつ城も、宇和島城や今治城、福山城、赤穂城などその数を増していった。

戦国時代の都市の内部の道路や町の出入り口付近の街道は、いざというときに通行を遮断できるように、ところどころに食い違いや丁字路を設けるなどしている。そうした中、道路を積極的に整備したのは、先述したように、織田信長など高い軍事力をもった強者たちだった。そして、古代国家以後、全国的な道路網の整備を成し遂げたのは、太平の世を作り上げた江戸幕府だった。ただ、その思想は、信長、秀吉から受け継いだもので、交通と輸送を分離するという考え方であり、それが道路の維持のために、車輛による運搬を制限するという発想にもつながっていたのだと思われる。

このように、時の為政者の交通政策を見ていくと権力の性質の一端が見えてくる。

江戸の町の道路

相模国三浦出身で『北条五代記』など数多くの著作を残した三浦浄心《じょうしん》が寛永後期（一六三〇年代後半）に記した『見聞集《けんもんしゅう》』は、江戸の道路のことを次のように記している。

土風に江戸町さはく事

見しは昔、江戸に土風たえず吹たり。されば龍吟ずれば雲おこり、虎うそぶけば風さわぐ。かゝるためしの候ひしに、江戸に土風吹ば町さわがしかりけり。此風を、他国にては旋風《つむじかぜ》といふ。（中略）昔は江戸近辺神田の原より板橋迄見渡、竹木は一本もなく、皆野らなりしが、いま江戸さかゆくまゝ、あたりの野原三里四方に家を作りふさぎ、海道には真砂《まさご》をしき、土のあきまなければ、土くじりはいづくをか吹くらん、町しづかなり。

ここにあるように、かつての江戸は土埃《つちぼこり》が舞っており、そのため「海道」には「真砂」を敷いて土の空き間をなくしたため、土埃は舞わず静かになったとある。つまり、江戸の道路は、埃が舞いやすい土壌の上に、砂を敷いて舗装していたというのだ。

また、次の記述も見える。

江戸町の道のどろふかき事
見しは今、江戸町の道雨少しふりぬれば、どろふかう（泥深う）して往来安からず。去程《さるほど》に足駄《あしだ》のは（歯）の高きを皆人このめり。猩々《しょうじょう》は酒履《さかぐつ》を好み、江戸の人は沼履《ぬまくつ》を好む。人猩かはれども、用る所は和漢異《ことな》らず。比しも春なれや、つばめさいげんなく飛来て、道のぬかりを運ぶ。

ここでは、江戸の道路は泥深く往来しにくいために、人々は高歯下駄を利用していたとある。江戸の地質は、関東ローム層のため、舗装をしない道路だと「雨の日は泥濘化し、晴れの日は土埃が舞う」という状態だった。

江戸幕府の道路の維持管理

さて、このように道路を維持・管理するには何かと課題の多い江戸の町の道路を、幕府がどのように維持管理したのか、その内容を見ていこう。

慶長一七年（一六一二）一〇月一六日に幕府は、老中三名の署名による「道路堤防幷《ならびに》橋梁之制」（『台徳院殿御実紀《だいとくいんどのごじっき》』）を布告したが、そこには、次のようにある。

○大道小路とも馬さくり（水たまりやぬかるみ）の所は、あるは砂あるは石もて堅固にならし、道の側には水路をうがつべし。

○泥滑《でいかつ》の所も砂石もて堅固ならしむべし。
○堤防の芝生を剪剝《せんはく》すべからず。
○馬さくりのところは、土もて堅固にすべし。
○道路よろしき地にみだりに土を敷べからず。

この命令は、江戸の道路に限らず、主要街道にも適用されたようで、翌慶長一八年に、東海道を通ったイギリス人ジョン・セーリスは、道路は大部分が平坦で、山にかかれば道は切り下げられており、おおむね砂と石からなる（ジョン・セーリス、村川堅固訳『日本渡航記』十一組出版部、一九四四）と記している。

また、元和二年（一六一六）には、道路橋梁を絶えず修理すること、それを怠った者は過料五貫文を支払うことが命じられている。慶安元年（一六四八）二月には、

町中海道悪敷所《あしきところへ》江浅草砂ニ海砂ませ、壱町之内高ひきなき様ニ中高ニ築可申事《きずきもうすべきこと》、幷こみ又とろにて海道つき中間敷事《もうすまじきこと》

（『御触書集成』第一寛保集成所収正保五〈慶安元〉年二月）

との町触が出されている。これは街路の舗装として「浅草砂」に「海砂」を混ぜて「中高」に造れという指示だ。『見聞集』にも、路面に砂を敷いていたとあるので、これと同様の命令が寛永後期以前

にも出されていたことがわかる。

　なお、道路の清掃や路面の補修の命令は、明暦元年（一六五五）、同三年、寛文二年（一六六二）、元禄九年（一六九六）、宝永四年（一七〇七）、享保五年（一七二〇）など江戸時代を通じて複数回、出されている。

『見聞集』の「江戸町の道のどろふかき事」にあるように、砂による舗装は、埃対策には効果的だったようだが、雨対策としては不十分であり、雨が降るとぬかるむという地質を克服することはできなかった。しかし、江戸幕府は道路の路面を良好な状態で維持するため、砂や石畳などによる舗装、牛馬の糞や擦り切れたわらじの藁くずの処理など路面の清掃、砂による補修、打ち水など具体的な指示を繰り返し発出していた。

　こうした江戸幕府の道路政策もあり、江戸時代の道路はよく整えられ、外国人からの賞賛を得ることになった。しかし、第2章で見たように幕府の政策は、道路を維持することが目的化しており、道路を傷める車輪のついた車の利用を制限するという方向で進められた。つまり、江戸時代の道路は、見た目は美しいが、物資の大量輸送には適さない、構造上の脆弱《ぜいじゃく》さをもっていた。

　その脆弱性は、明治政府の近代化政策が進むにつれ顕在化していった。

道路の不法占有への対応

鎌倉時代に問題となっていた道路の不法占有は、江戸でも発生していたようで、寛文八年（一六六八）には次のような禁令が出ている。

一　町中海道をほり諸道具を埋置申に付、道せばく往来行之さわりに罷来候間《まかりきたりそうろうあいだ》、自今以後海道へ諸道具埋間敷候《まじくそうろう》、今ほど埋置候は早々ほり出し、海道を能《よく》作りなをし可申候《もうしべくそうろう》、若相背《もしあいそむき》候はゞ急度《きっと》可被仰付候《おおせつけらるべくそうろう》間、少も油断有間敷候《あるまじくそうろう》、以上

（『御触書集成』第一寛保集成、寛文八年二月）

道路を掘って諸道具を埋める者があり、それによって道幅が狭くなっているため、それらの行為を禁止するとともに、埋めたものがあれば、速やかに掘り出し道路を修復せよとある。道路の幅を狭める、つまり、公共の場を沿線住民が侵食（不法占有）するという行為は、平安時代以来、繰り返しなされてきた。道路幅を維持しようとする為政者側と少しでも私有地を広げようとする沿線住民とのせめぎ合いが、時代を超えて繰り返されていたのだ。

6　近代の道路――社会変動に翻弄された道路

『道路』に寄せられた東京市の道路への苦情

大正一二年（一九二三）一月の『道路』（道路研究会「道路」第二巻第一号）では、「東京市道路の苦い経験」と題するアンケートがおこなわれ、各界の名士四一名から回答を得ている。そのほとんどが苦い経験や不快な出来事があったと回答している。そのいくつかをあげよう。

○夜中に車が突然穴に落ちたため、その振動で数カ所に打撲傷を負った。
○道路のほとんどが原始的。苦い経験や不快な出来事など皆が経験しているので、ここにあげるまでもない。
○頻繁に地下埋設物の工事をおこなっていて通行や店舗の営業に支障をきたしている。
○ある外国人は、雨の日の東京の道路のことを「道路というより泥沼、人はその中を泳ぐように進んでいる。履物よりも舟を用いるほうが適している」といっている。

○大多数の道路は車道と歩道の区別がないため、後方より不意に自動車の警笛に脅かされる。
○雨の日は泥濘化し、晴れの日は土埃が舞う。
○歩道が少なく、電柱が不規則に立ち並ぶ。不法駐車や私物が道をふさいでいる。

このころの東京市の道路の評判は散々なもので、中でも雨が降ると泥濘化し、乾けば土埃が舞うという土質に起因する問題が多数寄せられており、そこを多数の車輛が往来するために、状態がより一層、悪化していると指摘されている。そうした声を受けて道路の舗装も進められていったが、それを上回るペースで車輛が増加していった。

『日本帝国統計年鑑』によると、明治二〇年（一八八七）に一万四九八七台だった荷馬車は、五〇年後の昭和一二年（一九三七）には、三〇万六七九三台と、約二〇倍に膨れ上がり、牛荷車、荷車もそれぞれ一一万一一四六台、一五一万九三三四台と、五〇年前の一六倍、二・六倍に増加し、さらに大正六年（一九一七）に四二台だった荷積み用自動車は二〇年で、五万二九九五台へと急速に増加した。

荷牛馬車の増加は、低運賃なのに加え道路状態が不良であっても利用可能という点があげられており、このことは道路整備が車輛の増加に追いつかず、むしろ劣悪な状況の道路でも輸送可能な方法が重宝されたことを示している。

このように、明治以後、急速に進められた近代化は、車輛による移動・運搬を活発化させただけでなく、つぎつぎと新たな車輛を生み出していった。従来、人と馬による通行のみを想定して造られて

図49 「ワトキンス報告書」でとり上げられた塩尻峠の状況（『ワトキンス高速道路調査報告書の研究』より）

いた道路は、車の通行に対応していなかった。また、これまでの沿線住民による日常管理のレベルでは、道路の維持はもはや不可能となっていた。

そして、舗装工事が追いつかないまま、車の利用が右肩上がりに増加した結果、よく管理された道路から一転、信じ難いほど悪い道路になってしまった〔図49〕。

信じ難いほど悪い日本の道路——ワトキンス報告

日本の道路の劣化は、その後も止まることはなかった。道路というインフラの整備が追いつかないまま、車輌が増加していくという状態は、日本の道路を先進国の中でも最低レベルまで落としていった。

そして、昭和三一年（一九五六）、その後の日本の道路行政に大きな影響を及ぼす人物が来日した。アメリカのラルフ・J・ワトキンスと、彼が率いる調査団だ。彼らは、日本の道路について次のようなレポート（「ワトキンス報告」として知られる）を残した。

日本の道路は信じがたい程に悪い。工業国にして、これ程完全にその道路網を無視してきた国は、日本の他にない。（中略）この国の最も重要な道路（日本の一級国道）の七七パーセントは舗装されていない。この道路網の半分以上はかつて何らの改良も加えられた事がない。道路網の主要部を形成する、二級国道及び都道府県道は九〇ないし九六パーセントが未舗装である。これらの道跡七五ないし八〇パーセントが全く未改良である。

（「日本国政府建設省に対する名古屋・神戸高速道路調査報告書」）

加えて「しかし、道路網の状態はこれらの統計の意味するものよりもっと悪い」として次のことを指摘している。

①工事が悪く維持が不十分で悪天候のときは通行不能になる。
②昔の道路敷地をそのまま自動車交通に使用しているので路線は狭く危険である。
③自転車、馬車、荷牛馬車の混合交通で自動車交通が阻害されている。

安永五年（一七七六）に、外国人ツュンベリーから賞賛された日本の道路が、その一八〇年後にここまで酷評されるようになってしまったのだ。

ワトキンスが来日する前年の自動車全体の台数は、約九二万台にも及び、ワトキンス報告にあるように、改良済み国道は実延長二万四一三〇キロに対し、八四五〇キロ（約三五パーセント）、舗装済は三二八六キロ（約一三・六パーセント）にすぎなかった（国土交通省「道路統計年報二〇二〇」）。これは、車輌の普及に道路整備が追いついていない状況を示している。

日本でも、車輌の通行量の増加に伴い、道路の構造を見直そうという政策がおこなわれてこなかったわけではない。古くは、明治政府が明治一九年（一八八六）八月、現在の「道路構造令」に相当する「道路築造標準」を示し、以後、馬車交通に好適な砕石道路が採用されるようになった。しかし、予算の関係などから次第に空文化し、通行による踏み固めという自然地固め工法に逆戻りしていった。

大正八年（一九一九）には、ようやく道路に関する統一法規、「道路法」が制定され、翌年にはその施行令として「道路構造令」が公布された。また、東京では大正一二年（一九二三）の関東大震災からの復興に伴い、道路の舗装が急速に進められ、同時に自動車が急激に普及した。大正一〇年には、九六四八台だった自動車は、大正一五年には四万台にも及んだ。その結果、馬車、荷車、人力車は姿を消し、より道路に負荷がかかる自動車の時代へと突入したのだ。

そして、昭和一二年（一九三七）に日中戦争に突入したことにより、国内の道路行政は停滞し、さらに太平洋戦争の空襲により道路そのものが大きなダメージを受けた。終戦後の資材不足もあり、復旧ままならないまま車輌の重さを支えきれず泥濘化した道路は、しばしば通行不能となった。昭和二五年（一九五〇）からは、アメリカの支援を受け、道路の復旧が進められたが、そのころには道幅の狭さ、車輛が通るたびに巻き起こる粉塵など、問題が山積していたそうだ（武部健一『道路の日本史』）。

そうした課題に向き合いつつも、日本の道路の将来像が日本人の手によって次第に形作られていった。先に紹介したワトキンス調査団も、日本政府が東京─神戸間の高速道路建設の調査のために招いたもので、そこに道路行政に対し積極的に取り組んでいこうという日本人の姿勢が見てとれる。

7　国家と道路

古代道路が語るもの

そもそも道路とは、人や動物が移動するために設けられた地上の空間である。ここで「設けた」と記したように、通行の結果、無意識のうちにできあがった道とは異なり、道路には、その敷設にあたり何らかの意思が働いている。ただし、意思といっても、駅路のように、高い計画性に基づいた一定の幅をもった直線道路もあれば、目的地にたどり着くために、既存の道に最低限の人手を加えたものまで、そのレベルはさまざまである。

また、道路は物資の輸送や通行に留まらず緊急通信のインフラとして利用される場合もあれば、祭祀や儀礼の場としても用いられる場合もある。特に後者は、行幸や祭礼などで人が移動することもあれば、大祓など静的な祭祀、儀礼がそこでおこなわれることもある。そうした利用が想定されていたからこそ、特に都大路は相当の幅が必要とされた。

このように、道路の設計には、その時々の為政者の意思（目的とする国家の態様）が反映される。

古代国家が駅路に求めたのは、

①中央と地方とを最短距離で、効率的に結ぶ（遠距離直達性）

②道路を造り上げた国家の権威を可視化する（象徴性）

③国土を測る。土地を区画する（基準線）

だったが、それ以外にも、『律令』の規定との関係から、道路は次のような利用や場面を想定した機能や役割も与えられた。

④『律令』で定められた祭祀・儀礼の場（祭祀）

⑤往来の人々の挨拶（礼）の場（路頭礼）

⑥往来の人々に情報を伝える場（告知）

さらに、奈良時代には、

⑦景観を彩るためや、通行人の保護の目的で設置された街路樹や並木（通行人保護）

が設けられるようになる。

道路を維持管理するためのルールも徹底され、

⑧メンテナンスや清掃のルールの設定と責任の所在の明確化（清掃）
⑨禁令の発出と違反行為の取り締まり（禁令）

などがおこなわれた。

古代では、道路を造り維持するために、これだけのことをおこなっていた。言い換えれば、古代の道路には、①～⑨に関わる諸情報が詰まっている。そのため、道路を追究することで日本史研究におけるさまざまなテーマを読み解くことができるのだ。

権力は道路に何を求めたのか

為政者の道路に対する関心は、時代や為政者が置かれた立場により、大きく異なるようだ。先述したように、駅路は中国の王朝を参考に、天皇を頂点とした中央集権体制の構築を目指した古代国家が造り上げた、「支配のための道」だ。しかし、それは時代の推移とともに変化する社会に対応するための国家の政策転換、つまり、中央集権制を放棄し、地方官である国司に相当の権限を与えるようにしたことにより、廃絶へと向かう。必然的に、先に掲げた道路政策のうち、中央集権制と密接に結びついていた①～③（遠距離直達性・象徴性・基準線）は必要とされなくなった。⑦⑧（通行人保護・清掃）も廃絶、弛緩した。ただ、道路そのものの規模などには直結せず、往来における人々の行動に関わるものである④～⑥（祭祀・路頭礼・告知）は、むしろ深化していき、特に④は民間へも広まり、多様化していった。また、都と地方拠点とを結ぶ路線そのものは、規模を減じ、直進性を失いつつも維持された。

鎌倉時代、幕府は鎌倉を起点にそうした道路網を再整備したようだが、古代国家とは異なり①〜③のような要素を道路に求めなかった。ただ、都市の道路を維持管理するためのルールとして、古代国家が定めた⑧⑨（清掃・禁令）を参考に、御家人による整備、管理を基本としたルールを作った。

その後、体系的な道路整備はしばらくおこなわれなくなるが、戦国時代には織田信長ら領内を安定させて経済政策に力を入れ、他国へも侵攻できるだけの軍事力を身につけた強者は、領内の道路整備をおこなった。それは、軍事的な目的も当然あったが、民政的な意味合いが強かったと考えられる。

信長らが整備した道路も一定の幅を有していたが、その目的は古代国家が意図した①〜③ではなく、先述したように、通行人が快適で安心して利用できることだったと考えられる。その根底には、民政に力を入れることにより、人々が城下に集まり、また往来を活発化させることで、経済を発展させることにもつながるという考えがあったのだろう。

江戸幕府によっておこなわれた街道の整備は、通行しやすい道路を造りつねに維持すること、並木を設け快適な旅ができるようにすること、一里塚を設け、旅程を把握しやすくすることなどからなっている。江戸時代の街道は為政者が政治的な意図をもって造った全国規模の道路網であるが、その目的、性質は古代国家の駅路と大きく異なるといえるだろう。

筆者は、かつて道路は歴史を語ると述べたが、道路とそれを舞台におこなわれた人々の行動を読み解くことにより、その時々の政策や社会など、さまざまなものが見えてくると思う。道路は実に多くのことを語っているのだ。

道路を守るのは誰か？

道路は不特定多数の人が利用する公共施設だ。そのため、その維持・管理も特定の個人がおこなうのではなく、一定のルールのもと、受益者が労働や費用の一部を負担するなど、何らかの形で携わることとされてきた。

古代国家が定めたルールは、都市の道路はメインストリートである朱雀大路を除き、道路に面する家の住民や施設に勤める者が分担して維持・管理するというシステムであり、それが適切におこなわれているかを左右京職が確認し、管理・督促するというものだった。維持管理をおこなう人々は、単に責任のみを負うのではなく、一定の条件付きで道路の側溝の水を優先的に使用する権利が与えられた。幹線道路網である駅路の場合は、国司あるいは郡司が住民を動員して、毎年の収穫後に修理することとされていた。修理は、おそらく古代の税の一つ、雑徭《ぞうよう》としておこなわれていたと考えられる。

こうした古代のシステムはのちの時代にも基本的には踏襲された。鎌倉時代でも道に面した家の住民が日常管理をおこなうルールとなっており、それを「保奉行人」が確認し、管理・督促するというシステムだった。江戸時代は、江戸の町の地質の問題もあるため、道路の施工、維持管理について、細かな取り決めがなされているが、維持・管理の主体は沿線住民であることは変わらない。このように江戸時代までの道路の維持管理は住民主体でおこなわれ、それを適切に実行させるために為政者は管理のルールを作るとともに罰則を伴う命令を繰り返し出していた。

それが、明治時代以降は車輛の増加などが原因で、急速に道路の劣化が進み、もはや住民による維持管理では対応できない状況となり、国による道路整備も後手に回ってしまった。外国人から賞賛されたよく整備された道路は、逆に酷評されるまでになってしまったが、太平洋戦争からの復興の過程で道路の重要性が再確認され、ワトキンス報告の昭和三一年（一九五六）からわずか七年後には、日本最初の高速道路が栗東《りっとう》―尼崎間で開通。その二〇年後には、改良済み国道は実延長四万〇〇一八キロに対し、三万二五〇六キロ（約八一・一パーセント）に到達した。国や地方による維持管理システムも整備され、通常時には道路の不備による通行障害はほとんど発生しなくなった。

ただ、道路の維持管理が住民の手から完全に離れたわけではない。現在でも行政の支援のもと、自治会による道路の清掃や側溝掃除がおこなわれている地域は数多くあり、道普請というかつての名を今に留めている地域もある。

古代以来の伝統は、現在でも地域コミュニティーの維持に一役買っているようだ。

おわりに

道路の歴史を利用する側から見ると、どんなことがわかってくるのか?
道は人と人が接触する場でもあった。道で人に出会ったとき、どのような対応をするのが適当か?現在でもすれ違うときに他人とぶつかったりすればトラブルになるように、古代でもそれは同様だった。特に、厳しい身分制度があった時代は相手によって、挨拶の仕方を変える必要があった。それは、身分の違いを確認する行為であり、また、そのことをその場に居合わせた多くの人に対し行動をもって示すという意味があった。つまり、挨拶とは、「礼」であり、「礼」とは上下関係を互いに確認し、第三者にも示すことだった。礼とは単なるマナーではなく、社会秩序を維持するために重要な役割を果たしていた。

そうした役割をもっていたから、礼は慣例から法律になり、そしてさらに細かな行動を規定する「礼法」になった。そして、礼法が複雑化する過程において、通行中の礼(路頭礼)が確立し、それがすれ違いのとき、道の左右どちらに避けるかという、交通マナーに発展した。明治政府が最初に定めた交通ルール(すれ違いのとき、左に避ける)も、通行の安全のためではなく、こうした古くからの慣習を踏襲していた。つまり、最初の交通ルールは「礼」の伝統を受け継いだものだった。そして、昭和二四年（一九四九）の「道路交通取締法」改正により、はじめて礼法から解放され、車輛と歩行者が相互に認識しやすい対面通行という交通安全のためのルールが生まれた。

また、日本では長い間、乗り物が発達しなかった。その理由の一つは乗り物の利用が厳格な身分制度によって制限されてきたためだ。つまり、本来、乗り物とは、天皇のことを「乗輿」と表現したように、ごくごく限られた身分の者だけが利用できる特別なもので、乗り物そのものが身分を象徴するものだった。ただ乗り物も、その本質は物や人を運ぶための道具である。たとえば、平安時代に利用された牛車は「身分を示す乗り物」だが、それと機能的にはまったく同じだが牛に曳かせて荷物を運搬する牛荷車という「輸送のための車」の、二つの系統が併存していた。

しかし、「輸送のための車」も明治以前は、ほとんど発展しなかった。それは日本の国土が起伏が激しいことに加え、早くから水路による物資輸送がおこなわれていたからで、人の移動は陸路、大量の物資の輸送は水路という役割分担があり、それが江戸時代まで継承されていたからだ。そうした役割分担は、日本の道路の構造に大きな影響を与えた。重量がある車輛の往来が限定的だった日本の道路は、徒歩や馬による移動に耐えうる強度を有していればよく、前近代の社会では旅行者にとって美しく快適な道路が、近代に車輛が急速に普及したことにより、一気に劣悪な道路へと転落した。

明治以降の近代化は、古代以来の日本の道路文化を根こそぎ否定した。車輛の利用を制限するとともに、徒歩と馬での利用を想定した道づくり、沿線住民による維持管理という伝統的な方法は、その前提であった身分制度を否定したことをきっかけとして、立ちゆかなくなった。急速な近代化は、道路と人との関わり、そして道路そのもののあり方を大きく変化させることとなった。

道は神仏のためにも利用された。古代、道を通ってやってくる神は、災厄をもたらす疫病神のほうが多かった。そうした神を、都の郊外で接待し、お引き取り願うという祭祀が、古くからおこなわれていた。また、複数の道が交わる衢は、異世界との境界と認識され、そこには災いが入ってくることを防ぐ衢の神がいるとされた。いくつかの神々は集落単位で祀られ、現在まで続いている。また、有名な神社や寺院に向かう道は、そのものが信仰の道となり、江戸時代に庶民による参詣の旅が盛んになると、道そのものや沿線の諸施設の整備が進められるなど、信仰による人々の往来が沿線地域を活性化させた。

ここで取り上げた道と祭祀の話は、そのほんの一端に過ぎないが、往来の歴史を考えるうえでは、道路と信仰との関係を無視することはできない。本書では特に触れていないが、橋も異世界との境界と認識されていたようで、橋にまつわる怪奇譚も多く残されている。その一つ一つを解き明かすのは到底筆者の力量の及ぶところではないが、往来の歴史を調べるにあたっては、人々の精神世界にも踏み込む必要があろう。

ここまで述べてきたように、権力が定めたルールと往来のあり方は密接な関わりを有している。通行のルールは、身分制度から生まれた礼に起源があり、乗り物の利用も、もとはといえば権力が定めたものだ。また、権力は集団の代表者として目に見えぬ者（神）を含む他集団との利害調整を繰り返しおこなうことによって、生まれたと考えられる。時にはわが身を犠牲にして、集団の信頼を得、集団の利益を導くという役割をリーダーは担っていた。集団どうしは、相争い、勝者が敗者を吸収することもあれば、盟約を結ぶことにより一体化し、その盟主がそれぞれの集団の利害を調整するとともに、他者との接触により生じるリスクを負った。複数の地域にまたがり、計画的に道路を通すということは、沿線の諸勢力を配下に置くか盟約を結ぶだけでなく、沿線の諸集団のリーダーに代わって土地の神との調整をおこなうということでもあった。つまり、計画的な道路網を造り上げるためには、強いリーダー（権力）が必要だった。日本で最初の全国的規模の計画道路網である七道駅路が、天武天皇の時代に成立したと考えられるのも、その成立には強大な権力、すなわち中央集権国家の確立が必要だったことを物語っている。

そのことを裏づけるように、七道駅路は中央集権制の頓挫《とんざ》とともに廃絶を迎える。それは、全国的な道路網を維持・管理する権力とその動機がともに失われたことを示している。その後、古代国家が造り上げたような計画的な全国規模の幹線道路網は姿を消し、戦国時代の終盤になり、織田信長をはじめとする有力大名の支配領域の中で、計画的な道路網を構築しようとする動きが見られるようになる。

再び全国的な道路網が形成されるのは、天下統一を成し遂げ成立した江戸幕府だった。全国的な道路網とは、強大な権力と、その権力が交通を支配するという明確な目的意識をもつことにより生まれてきたのだ。逆の見方をすれば、道路や往来の歴史からは、その時々の権力の実態が見えてくる。

筆者が道路に関心をもつきっかけとなったのは、平成四年（一九九二）に奈良県御所市に所在する鴨神遺跡で古墳時代の道路跡を発掘したことによる。早いもので、あれから三十数年が経過した。当時は、考古学らしく発掘された遺構から考察を深めていこうと考えていたのだが、年を重ねるごとに関心の方向が、交通制度とか情報伝達とか、考古学ではなかなか語れないところに広がっていった。これは、私の置かれた立場が大きく変化したことにもよるもので、さまざまな時代の、さまざまな地域の遺跡を取り扱うためには、物事をできるだけ俯瞰《ふかん》して見てみようという意識が働いていたのかもしれない。

現在の考古学研究は、より精緻な方向に向かいつつある。ただ、その一方で、それら精緻な研究の成果が、研究者以外の方の関心から、次第に乖離しつつあるような気がする。現代社会は、その気になれば多種多様な情報に容易に触れる（必要な情報を選択する）ことができる。その一方で、情報を発する側は、人々の関心を引きつける（必要な情報として選択してもらう）ために、さまざまな工夫を凝らさなければならない状況にある。つまり、精緻な研究の価値や意義をより多くの方に知ってもらうためには、学術と一般との間の橋渡しとなるような仕事が必要なのではないか、と行政に身を置く者として感じている。本書が少しでも、その役割を果たせたならば望外の喜びである。

二〇二四年一〇月

近江俊秀

【主要参考文献】

(本書内で引用に使用した史料)

アンベール、エメェ、茂森唯士訳『絵で見る幕末日本』講談社学術文庫　二〇〇四
アンベール、エメェ、高橋邦太郎訳『続・絵で見る幕末日本』講談社学術文庫　二〇〇六
オールコック、ラザフォード、山口光朔訳『大君の都』(上)(中)(下)岩波文庫　一九六二
ケンペル、エンゲルベルト、斎藤信訳『江戸参府旅行日記』東洋文庫　一九七七
シーボルト、フィリップ・フランツ・フォン、斎藤信訳『江戸参府紀行』東洋文庫　一九六七
ツュンベリー、カール・ペーテル、高橋文訳『江戸参府随行記』東洋文庫　一九九四
バード、イザベラ、高梨健吉訳『日本奥地紀行』平凡社　一九七三
モース、エドワード・シルヴェスター、石川欣一訳『日本その日その日』1、2、3　東洋文庫　一九七〇
中西進校注『万葉集』1～4　講談社文庫　一九七八～一九八三
坂本太郎・家永三郎・井上光貞・大野晋校注『日本書紀』(一)～(五)岩波文庫　一九九四～九五
青木和夫・稲岡耕二・笹山晴生・白藤禮幸校注『続日本紀』一～五　岩波書店　一九八九
重松明久校注訓訳『八幡宇佐宮御託宣集』現代思潮社　一九八六

黒板勝美・国史大系編修会編『国史大系　交替式・弘仁式・延喜式前編』吉川弘文館　一九八三
黒板勝美・国史大系編修会編『国史大系　延喜式中編』吉川弘文館　一九八四
黒板勝美・国史大系編修会編『国史大系　延喜式後編』吉川弘文館　一九八六
虎尾俊哉編『訳注日本史料　延喜式』上巻　集英社　二〇〇〇
虎尾俊哉編『訳注日本史料　延喜式』中巻　集英社　二〇〇七
虎尾俊哉編『訳注日本史料　延喜式』下巻　集英社　二〇一七
井上光貞・関晃・土田直鎮・青木和夫校注『律令』岩波書店　一九七六
中田祝夫編『倭名類聚抄』勉誠社　一九七八

〈参考文献〉
荒井秀規ほか編『日本史小百科・交通』東京堂出版　二〇〇一
飯沼賢司『八幡神とはなにか』角川選書　二〇〇四
池邊彌『和名類聚抄郷名考証』吉川弘文館　一九六六
（財）石川県埋蔵文化財センター編『発見！古代のお触れ書き』大修館書店　二〇〇一
市大樹『すべての道は平城京へ』吉川弘文館　二〇一一
市大樹『飛鳥の木簡』中公新書　二〇一二
石村貞吉、嵐義人校訂『有職故実』上・下　講談社学術文庫　一九八七

井上和人『古代都城制条里制の実証的研究』学生社　二〇〇四
井上和人『日本古代都城制の研究』吉川弘文館　二〇〇八
上里隆史、富山義則写真『琉球古道』河出書房新社　二〇一二
大津市歴史博物館編『車石』　大津市歴史博物館　二〇一二
近江俊秀『道が語る日本古代史』朝日選書　二〇一二
近江俊秀『古代日本の情報戦略』朝日選書　二〇一六
片桐一男『江戸のオランダ人』中公新書　二〇〇〇
加藤友康「交通体系と律令国家」『講座　日本技術の社会史第八巻　交通・運輸』日本評論社　一九八五
かながわ考古学財団編『海浜型前方後円墳の時代』同成社　二〇一五
金田章裕『道と日本史』日経プレミアシリーズ　二〇二四
河野眞知郎『中世都市　鎌倉』講談社学術文庫　二〇〇五
木下良『事典　日本古代の道と駅』吉川弘文館　二〇〇九
木下良『日本古代道路の復原的研究』吉川弘文館　二〇一三
木村茂光『頼朝と街道』吉川弘文館　二〇一六
京都大学大学院文学研究科附属文化遺産学・人文知連携センター編『埋もれた古道を探る』（京都大学総合博物館２０２１年度特別展リーフレット）二〇二二

京樂真帆子『牛車で行こう！』吉川弘文館　二〇一七
古代交通研究会編『日本古代道路事典』八木書店　二〇〇四
児玉幸多編『日本交通史』吉川弘文館　一九九二
齋藤慎一『中世を道から読む』講談社現代新書　二〇一〇
坂上康俊『平城京の時代』岩波新書　二〇一一
櫻井芳昭『ものと人間の文化史　駕籠』法政大学出版局　二〇〇七
櫻井芳昭『ものと人間の文化史　輿』法政大学出版局　二〇一一
櫻井芳昭『ものと人間の文化史　牛車』法政大学出版局　二〇一二
島方洸一企画・編集統括『地図でみる西日本の古代』平凡社　二〇〇九
島方洸一企画・編集統括『地図でみる東日本の古代』平凡社　二〇一二
清水みき「古代輿の復原」杉山信三先生米寿記念論集刊行会編『平安京歴史研究』杉山信三先生記念論集刊行会　一九九三
神野恵「律令的祭祀と土器」『文化財論叢Ⅴ』奈良文化財研究所　二〇二三
高橋慎一朗『読みなおす日本史　武士の掟』吉川弘文館　二〇二四
高柳真三・石井良助共編『御触書集成』第一御触書寛保集成　岩波書店　一九三四
武部健一『ものと人間の文化史　道Ⅰ』『ものと人間の文化史　道Ⅱ』法政大学出版局　二〇〇三
武部健一『完全踏査　古代の道』『続　完全踏査　古代の道』吉川弘文館　二〇〇四　二〇〇五

武部健一『道路の日本史』中公新書　二〇一五
辰巳和弘『聖樹と古代大和の王宮』中央公論新社　二〇〇九
谷釜尋徳「訪日外国人が見た近世日本の旅文化」東洋大学スポーツ健康科学委員会『スポーツ健康科学紀要』第二〇　二〇二三
寺崎保広『人物叢書　長屋王』吉川弘文館　一九九九
寺澤薫『卑弥呼とヤマト王権』中公選書　二〇二三
道路交通問題研究会編『道路交通政策史概観』道路交通問題研究会　二〇〇二　http://www.taikasha.com/doko/chapt11.htm
土木学会編『明治以前日本土木史』岩波書店　一九三六
中田祝夫校注・訳『日本霊異記』小学館　一九七五
永原慶二ほか編『講座　日本技術の社会史　第八巻　交通・運輸』日本評論社　一九八五
奈良文化財研究所編『平城京左京二条二坊・三条二坊発掘調査報告書』一九九五
奈良文化財研究所監修『見るだけで楽しめる！平城京のごみ図鑑』河出書房新社　二〇一六
二木謙一『中世武家の作法』吉川弘文館　一九九九
西山卯三・広島盛明「武家礼法の発生形態について」『日本建築学会論文報告集』通号一一〇　一九六五
西山孝樹・藤田龍之・天野光一「『徳川実紀』にみる江戸時代前中期の道路行政政策に関する研究」

『土木学会論文集』七五巻一号　二〇一九
馬場基『平城京に暮らす』吉川弘文館　二〇一〇
藤原良章『中世のみちと都市』山川出版社　二〇〇五
松尾剛次『中世都市鎌倉を歩く』中公新書　一九九七
武藤那賀子「日本霊異記の動物化した人々」『物語研究』二一巻　二〇二一
桃崎有一郎「中世公家社会における路頭礼秩序について」『史学雑誌』一一四巻七号　二〇〇五
森田悌『日本後紀』（上）（中）（下）講談社学術文庫　二〇〇六〜二〇〇七
森田悌『続日本後紀』（上）（下）講談社学術文庫　二〇一〇
安田政彦『平安京のニオイ』吉川弘文館　二〇〇七
山本博文『参勤交代』講談社現代新書　一九九八
渡辺晃宏『平城京と木簡の世紀』講談社学術文庫　二〇〇一
渡辺晃宏『平城京一三〇〇年「全検証」』柏書房　二〇一〇

近江俊秀（おおみ・としひで）
1966年宮城県生まれ。文化庁文化財第二課主任文化財調査官。奈良大学文学部文化財学科卒。奈良県立橿原考古学研究所研究員を経て現職。専門は日本古代交通史。主な著書に『古代国家と道路』『道路誕生』（ともに青木書店）、『道が語る日本古代史』（古代歴史文化賞なら賞、朝日選書）、『古代道路の謎』（祥伝社新書）、『日本の古代道路』（角川選書）、『古代都城の造営と都市計画』『平城京の住宅事情』（ともに吉川弘文館）、『古代日本の情報戦略』『海から読み解く日本古代史』（ともに朝日選書）、『入門 歴史時代の考古学』『歴史考古学による古代景観の復元』（同成社）、『境界の日本史』（共著、朝日選書）などがある。

朝日選書 1046

「人《ひと》は右《みぎ》、車《くるま》は左《ひだり》」往来《おうらい》の日本史《にほんし》

2024年12月25日　第1刷発行

著者　近江俊秀

発行者　宇都宮健太朗

発行所　朝日新聞出版
〒104-8011　東京都中央区築地5-3-2
電話　03-5541-8832（編集）
03-5540-7793（販売）

印刷所　大日本印刷株式会社

ISBN978-4-02-263137-4
定価はカバーに表示してあります。

落丁・乱丁の場合は弊社業務部（電話 03-5540-7800）へご連絡ください。
送料弊社負担にてお取り替えいたします。